【中华国学经典精粹】

中华谚语故事

张小燕 编

北京联合出版公司
Beijing United Publishing Co.,Ltd.

图书在版编目（CIP）数据

中华谚语故事 / 张小燕编. —北京：北京联合出版公司，2017.4（2023.5 重印）
（中华国学经典精粹）
ISBN 978-7-5596-0252-7

Ⅰ. ①中… Ⅱ. ①张… Ⅲ. ①汉语—谚语—通俗读物 Ⅳ. ①H136.3-49

中国版本图书馆CIP数据核字（2017）第079739号

中华谚语故事

作　　者：张小燕
选题策划：宿春礼
责任编辑：熊　娟
封面设计：新纪元工作室
版式设计：新纪元工作室
责任校对：付玮婷

北京联合出版公司出版
（北京市西城区德外大街83号楼9层　100088）
三河市冀华印务有限公司　新华书店经销
字数：130千字　787毫米×1092毫米　1/32　5印张
2017年7月第1版　2023年5月第6次印刷
ISBN 978-7-5596-0252-7
定价：15.80元

故事之美，生生不息

两千五百多年前，孔子曾在河边发出这样的感叹：“逝者如斯夫，不舍昼夜！”光阴如白驹过隙，在同样的春夏秋冬中，人类走过了不同的悲欢聚散，最后沉淀下来的，就是我们所知道的历史。

华夏子孙世代相传，从古至今没有改变的是对文化的热忱和尊重。从史官秉笔直书，到文人惜墨如金，无不源于我们对古老的文化与生俱来的崇拜。时间留给中国人的财富，就是沉甸甸的五千年历史。而在这历史的河床之下，酝酿着中华文化的精髓——国学。

四书五经、经史子集，穷则独善其身、达则兼济天下的贤者智慧；诗词曲赋、琴棋书画，变幻的形式之下延伸着我们对美的追求和触摸；亭台楼阁、水榭雕栏，普通的生活也可以充满诗情画意；太极八卦、针灸推拿，在有限的人生之中也可以聆听自然永恒的大道……传统生活的衣食住行皆有精粹，它们是民族的灵魂，也是五千年历史的生动传神之所在。

用故事的方式向孩子传授国学常识，它的意义已经远远超过了教育，而是一种爱的表达，更是对历史的交代、对后人的负责、对民族的贡献。因为，只有懂得欣赏传统、理解传统的民族才能传承并发扬传统文化精粹，而一个有着自己的灿烂文化的民族才会有光明的未来。

站在前人的肩膀上，孩子们可以看到更广阔的风景，经历更成熟的人生。因此，我们向家长呈现了这样一套书，包括中华上下五千年的历史故事、汉字故事、成语故事、寓言故事、神话故事、民间故事、谚语故事七本，将中国传统文化用故事的方式一一呈现。

有好书，还需要有眼光的人去赏识，有心的人去解读。对于孩子来说，父母就是最值得信赖的图书采购员、最合适的演讲者。经由父母的讲解介绍，这些林林总总的知识将更有效地传达给孩子，成为他们最熟悉的常识库，而父母为孩子讲解故事的过程也将成为他们年少时最愉快的学习经历。

这一套中华经典故事丛书，只要能培养出一颗谦逊好学的心灵，我们也就劳而无憾。我们拿出最好的知识，父母拿出一段时间和一份耐心，让孩子们走进经典故事中，这绝不仅是一场简单的分工协作，更是我们中华民族传递文化的火种。

前言

谚语是中华民族文化宝库中的一颗明珠，是劳动人民在日常生活中，用简单通俗的话语反映出来的深刻道理，是人们智慧和经验的结晶。虽然它的言辞往往显得粗野，或者就是大白话，但因为平实易懂，读起来朗朗上口，所以能够得到广泛的传播。

谚语被赞誉为“美丽的语言”“智慧的闪光”“语言中的盐”，含有丰富的知识和经验，可以指导行为，启示人生。它类似于成语，但口语性更强，一般一条谚语表达一个完整的意思，在形式上一般为一两个短句。谚语多与实际生活相关，涉及生活中的方方面面，根据内容，谚语可以分为以下几类。

一是气象谚语，是人们在长期的生产实践中，观察气象的经验总结。如“朝霞不出门，晚霞行千里”“久雨刮南风，天气将转晴”等。

二是农业谚语，是农民在生产实践中总结出来的农事经验。如“今冬麦盖三层被，来年枕着馒头睡”“庄稼一枝花，全靠粪当家”等。

三是卫生谚语，是人们根据卫生保健知识概括而成的。如“冬吃萝卜夏吃姜，不用医生开药方”“饭后百步走，活到九十九”等。

四是社会谚语，是人们在为人处世、接物待人、治家治国等方面总结出来的。如“人不可貌相，海水不可斗量”“路遥知马力，日久见人心”等。

五是学习谚语，多是学习经验的总结，激励人们发奋学习。如“只要功夫深，铁杵磨成针”“百尺竿头更进一步”等。

本书选取了一百多条经典的谚语，按笔画顺序编排，对每条谚语进行了详细的解释，并且所选的故事短小精悍，内容丰富，包括民间故事、神话传说、历史典故等多种类型。有的是关于这条谚语的使用，有的是关于这条谚语的来源，内容丰富，充满智慧，让读者在阅读中体会到古人丰富的想象力和中华传统文化的魅力。

目录

一人得道，鸡犬升天………………………… 001
一朝被蛇咬，十年怕井绳…………………… 003
一问三不知…………………………………… 005
八仙过海，各显神通………………………… 006
九牛二虎之力………………………………… 007
人非圣贤，孰能无过………………………… 009
不知其人，视其友…………………………… 010
不鸣则已，一鸣惊人………………………… 012
不为五斗米折腰……………………………… 014
大意失荆州…………………………………… 015
千羊之皮，不如一狐之腋…………………… 016
三过家门而不入……………………………… 017
三句话不离本行……………………………… 019
士别三日，当刮目相待……………………… 020
士为知己者死，女为悦己者容……………… 021
万事俱备，只欠东风………………………… 023

亡羊补牢，犹未为晚…………………… 024
小时聪明，大时未必聪明……………… 025
小巫见大巫…………………………… 026
丈二和尚摸不着头脑………………… 027
牛不吃水强按头……………………… 028
尺有所短，寸有所长………………… 030
从善如登，从恶如崩………………… 031
风马牛不相及………………………… 031
化干戈为玉帛………………………… 033
天知地知，你知我知………………… 034
太公钓鱼，愿者上钩………………… 035
无颜见江东父老……………………… 037
半部《论语》治天下………………… 038
半路杀出个程咬金…………………… 039
白头如新，倾盖如故………………… 041
打肿脸充胖子………………………… 042
好汉不吃眼前亏……………………… 043
民以食为天…………………………… 044
宁为玉碎，不为瓦全………………… 045
皮之不存，毛将焉附………………… 047
平时不烧香，急来抱佛脚…………… 048

失之毫厘，差之千里…………………… 049
司马昭之心，路人皆知………………… 050
四海之内皆兄弟………………………… 051
四体不勤，五谷不分…………………… 052
外举不避仇，内举不避亲……………… 053
只许州官放火，不许百姓点灯………… 054
只要功夫深，铁杵磨成针……………… 056
百闻不如一见…………………………… 057
百尺竿头，更进一步…………………… 058
此地无银三百两………………………… 059
此一时，彼一时………………………… 060
成也萧何，败也萧何…………………… 061
当一天和尚撞一天钟…………………… 062
当断不断，反受其乱…………………… 064
多行不义必自毙………………………… 065
好事不出门，恶事行千里……………… 067
刘姥姥进大观园………………………… 068
老龟烹不烂，移祸于枯桑……………… 069
老马识途………………………………… 070
庆父不死，鲁难未已…………………… 072
死马当活马医…………………………… 073

死者复生，生者不愧…………………… 075
先下手为强…………………………… 076
有眼不识泰山………………………… 077
有理言自壮，负屈声必高…………… 078
近朱者赤，近墨者黑………………… 080
初生牛犊不怕虎……………………… 081
防民之口，甚于防川………………… 082
各人自扫门前雪，休管他人瓦上霜…… 084
拒人于千里之外……………………… 085
君子之交淡如水……………………… 086
快刀斩乱麻…………………………… 087
忠言逆耳利于行，良药苦口利于病…… 089
求人不如求己………………………… 090
身在曹营心在汉……………………… 090
物以类聚，人以群分………………… 092
县官不如现管………………………… 093
坐山观虎斗…………………………… 094
饱汉不知饿汉饥……………………… 095
使心用心，反害自身………………… 096
卧榻之旁，岂容他人鼾睡…………… 098
城门失火，殃及池鱼………………… 099

狗咬吕洞宾，不识好人心…………………… 100
挂羊头卖狗肉………………………………… 103
画鬼容易画人难……………………………… 104
既来之，则安之……………………………… 105
姜太公在此，诸神退位……………………… 106
明知山有虎偏向虎山行……………………… 108
若要人不知，除非己莫为…………………… 111
知人知面不知心……………………………… 112
树欲静而风不止，子欲养而亲不待……… 113
项庄舞剑，意在沛公………………………… 114
莫看这歹马也有一步踢……………………… 115
乘兴而来，败兴而归………………………… 116
乘长风破万里浪……………………………… 118
恭敬不如从命………………………………… 119
家有一老，犹如一宝………………………… 120
浪子回头金不换……………………………… 121
得饶人处且饶人……………………………… 122
惊弓之鸟……………………………………… 123
捧不起的刘阿斗……………………………… 124
清官难断家务事……………………………… 127
欲加之罪，何患无辞………………………… 129

赔了夫人又折兵…………………………… 130
矮子观场，随人听好……………………… 132
罩鸡不成孵……………………………… 132
福无双至，祸不单行……………………… 133
解铃还须系铃人…………………………… 135
塞翁失马，焉知非福……………………… 136
照葫芦画瓢……………………………… 137
嫩草怕霜霜怕日，恶人还被恶人磨…… 137
聪明一世，糊涂一时……………………… 139
聪明反被聪明误…………………………… 141
箭在弦上，不得不发……………………… 143
磨刀不误砍柴工…………………………… 145
糟糠之妻不下堂…………………………… 146
覆巢之下，安有完卵……………………… 147

一人得道，鸡犬升天

释义

“一人得道，鸡犬升天”出自汉朝王充的《论衡·道虚》，意思是一个人得道升仙，全家人连鸡、狗也都随之升天。比喻一个人做了官，和他有关系的人都跟着得势。

故事

淮南王刘安，从小就失去了父亲，所以很早就洞悉人生无常，于是沉迷于神仙修炼之术和阴阳之类的方术。他非常尊重道行高深的人，遂罗致数千名贤士、方士到他的府上。刘安还曾和手下门客李尚、伍被等共同编著了《淮南子》，流传至今。

有一天，王府门前来了八位老人。门吏虽见他们气度不凡，但须发苍白，再加上这些老人并没有给他塞点礼金，不免面露讥讽之色，道：“我家王爷上欲招揽精通玄妙之道者，中欲得剥削多彩之大儒，下欲得勇武之壮士。几位先生已老，只怕不符合上述要求？我们难以通报，恐王爷见责。”

八位老人听了，都哈哈大笑。一位老者说：“淮南王颇有好贤之名，我辈虽鄙陋，但为见淮南王远道赶来，你等居然如此搪塞，是何道理？”无奈门吏只是不理。

接着，一位老者说："既然你认定白发的人就是庸人，容貌年轻的人才是有道之士，其实由老变少区区小术，有何难哉？"八位老人心领神会，转眼之间，全都变成满头青丝、唇红齿白的年轻人。

门吏见八位老人如此神通，大吃一惊，不敢多言，慌忙飞奔入内，禀报刘安。刘安听后，知道他们是神仙，不敢怠慢，慌忙起身出迎，连靴子都没穿，光着脚赶到门前。

八位老人见刘安这副模样，对门吏的怠慢也就一笑置之。待八位老人安坐，刘安执弟子礼，恭恭敬敬地叩拜说："刘安虽然愚钝，但是求道之心至诚，请各位神仙教我。"

八位老人面露赞许之色，一位老者说："你的道心坚固，我们早就知道了，如今你的机缘成熟，我们此次前来就是传你仙术的。"说罢，八位老人各自传授了一套仙术给刘安。后来，八位老人算到他不久要大祸临头，就让他另辟丹房炼金丹，以避祸害。从此，刘安天天在丹房炼丹，过了九九八十一天，终于炼成了九转金丹！只等择吉日服下。

却说淮南王府中龙蛇混杂，竟然暗藏着朝廷密探，他们将刘安的一举一动上报给朝廷。皇帝听了，觉得刘安有谋反之嫌，就命令官员到淮南宣刘安进京问罪。

官员刚刚离开京城，八位老人就知道了，他们对刘安说：“现在朝廷有人诬告你谋反，皇上已经派人来抓你，正在路上。你最好在现在服下金丹，霞举飞升。”

刘安听从八位老人的话，取出金丹服下，一百天后升天。王府的人听说皇帝要缉拿刘安，纷纷带着值钱的东西四散而去。偌大的王府变得空荡荡的，只有鸡犬四处游荡。刘安服下丹药之后，把盛放丹药的药盒随手放在庭院中，那些鸡犬舔啄之后，也随之飞升，据记载：“鸡鸣天上，犬吠云中。”这就是“一人得道鸡犬升天”这个成语的由来。

一朝被蛇咬，十年怕井绳

释义

“一朝被蛇咬，十年怕井绳”出自《初刻拍案惊奇》，意思是经历一次挫折后就变得胆小怕事。

故事

从前，江南有一个叫文若虚的人，才学过人，但很自负，不善于经营，把祖上留的家产都挥霍一空。眼看着生活都不能维持，文若虚试图做点生意买卖，但是干什么都赔钱，最后还落下个“倒霉鬼”的绰号。

这天，文若虚跟着几十个跑海运的商贩们去南洋。同行的商贩们有的买布帛，有的买珠宝，而文若虚却买了一百斤名为“洞庭红”的橘子。船上的人纷纷笑话他，说这橘子肯定又是亏本的买卖。文若虚羞愧不已，就把橘子藏在舱板下，再也不敢提起。

船行四五天，到了吕宋，大家都上岸交易。文若虚觉得橘子没有人会买，就一个人看船。正觉得无聊，忽然想那一百斤橘子可能会坏掉，不如拿出来晾晾。于是，他翻开舱板，把橘子搬出来，晾在甲板上透气。

这“洞庭红”红中透亮，虽然在中国非常普遍，但那些土著人没有见过，一下子围上来看稀奇。文若虚随手拣出几个剥开皮，津津有味地吃起来。有人凑上前打听价格，想买“洞庭红”。这些人长期与中国商人打交道，能够听懂中国话，可是文若虚不明白他们说什么，就胡乱竖起一根指头。土著人笑道：“原来一块银币一颗啊。”于是，这些土著人纷纷前来买橘子，很快，橘子卖完了，文若虚得到一千来个银币，小小发了一笔。商人们回船听说这件事，一个个羡慕不已，都劝他买点货物再生钱。文若虚说：“我是倒运汉，每次做生意都亏本。这次卖这一百斤‘洞庭红’能赚一千多个银币，是天大的运气。‘一朝被蛇咬，十年怕井绳’，哪里还有胆量再买货物？我还是带着这些钱回去吧。”这就是“一朝被蛇咬，十年怕井绳”的由来。

一问三不知

释义

“一问三不知”出自《左传》，意思是对事情的发生、过程与结尾都不知道，不管怎样问，总说不知道。

故事

春秋时期，晋国攻打郑国。齐国国君平公觉得如果晋国吞并郑国，会变得更加强大，从而对齐国构成威胁。于是，平公派大夫陈成子率军前去救援。

晋军统帅荀瑶见齐军军容严整，心里有点害怕，对左右说：“我占卜过攻打郑国，却没有占卜过和齐国作战。他们的军队如此整齐，我们恐怕打不过他们。”部将们也纷纷表示赞成撤兵。

荀瑶一边下令撤军，一边派使者去拜见陈成子。使者说：“我们的统帅让我向您解释：这次晋国出兵，其实是为了替您报仇。您陈大夫这一族，是从陈国分出来的。陈国虽然是被楚国灭的，但却是郑国的罪过。所以，敝君派我来调查陈国被灭的原因，同时问您是否在为陈国忧愁。”

陈成子听了使者的话，知道这是荀瑶编出来的说辞，十分生气：“欺压别人的人没有好下场。像荀瑶这样的人难道能够长久吗？”齐国的使者走后，有一个名叫荀寅的人，报告陈成子说：“有一个从晋军来的人告诉我说，晋军打算出动一千辆战车来袭击我军的营门，要把齐军全部消灭。”

陈成子听了，严肃地说：“出发前国君命令我说：‘不要追赶零星的士卒，不要害怕大批的人马。’晋军即使出动超过一千辆的战车，我也不会避而不战。你方才竟然壮敌人威风，灭自己志气！回国以后，我要把你的话报告国君。”

荀寅自知失言，后悔地说：“我今天才知道，为什么我总是得不到信任而要逃亡在外了，君子谋划一件事情，要考虑到事情的开始、发展、结果，然后再向上报告。现在我对这三方面都不知道就向上报告，怎能不碰壁呢？”几天后晋军撤兵，陈成子也率军回国。

“一问三不知”，就是从荀寅的话语中概括出来的。

八仙过海，各显神通

释义

“八仙过海，各显神通”出自清朝李绿园的《歧路灯》，比喻人们在从事某种事业中，各自发挥自己的能力，大显身手。

故事

八仙指的是八位仙人，分别是：铁拐李、汉钟离、蓝采和、张果老、何仙姑、韩湘子、曹国舅和吕洞宾。

一天，八仙到天庭给西王母拜寿，归来途中路过东海。只见东海上波涛汹涌，白浪滔天，十分壮观。见到此景，八仙决定到海面上玩一玩。

吕洞宾说："我们大家把自己的宝物扔到海面上，然后借助它渡过大海，比一比谁更有神通，如何？"

大家纷纷表示赞同。铁拐李率先兴致勃勃地说："好！大家先看我的！"说完便把拐杖投向大海，拐杖立刻像一条小船一样漂浮在水面，铁拐李一个筋斗，翻立在拐杖上。大家一致叫好。

接着，汉钟离把他的芭蕉扇投到海上，跳下去站在上面。其他几位仙人也各显神通，张果老倒骑着他的毛驴，吕洞宾踩着宝剑，韩湘子坐着箫，何仙姑乘着荷花，蓝采和站在花篮上，曹国舅脚踏玉版，都在海面上漂浮了起来。大家欢声笑语，好不热闹。

虽然海面上波涛汹涌，但八仙安稳地顺着波浪漂去，这种完全不同于腾云驾雾的感觉，让八仙觉得很刺激，玩得好不快意。这就是"八仙过海，各显神通"的由来。

九牛二虎之力

释义

"九牛二虎之力"出自《列子·仲尼》，意思是九头牛与两只虎的力气的相加，比喻其力大不可当。

故事

一日，吕祖正在蒲团闭着眼睛静坐，忽然感觉心中翻腾，屈指一算，原来是沉香要来华山救母。吕祖心想这是一桩义事，我要助他一举成功。

于是，吕祖便亲自前往山下等候。沉香来到山下，见到了一位道长，急忙施礼："请问道长这山可是华山？"

吕祖回答说："问华山做什么？"沉香于是将杨戬关押母亲的事情告诉了吕祖。吕祖一听，急忙说："去不得啊！杨戬是天上的凶神，心毒手狠，武艺高强，你小小年纪，怎么可能是他的对手呢，劝你还是回去吧！"

沉香大瞪两眼，说："为了救我的母亲，哪怕粉身碎骨，我也不怕。""有志气！"吕祖向沉香说："如果你不嫌弃，就拜我做师傅吧？我愿给你传授武艺。"沉香听了，惊喜不已，急忙上前跪拜师父。从此，就在吕祖门下学艺。

为了救出母亲，沉香每天起早贪黑，勤奋练习。一天，吕祖外出，嘱咐沉香在家好好习艺。沉香便关了庙门，开始舞枪弄棒，用心练习。到吃饭的时候，沉香还不见师父回来，又练了起来，一直练到太阳偏西。后来，沉香实在饿得不行了，才去厨房做饭。

进了厨房，沉香发现笼里有用面做的九头牛和二只虎，觉得很奇怪，不过他实在太饿了，也顾不了那么多，拿起来就吃了。吃完九牛二虎，沉香忽然觉得自己力大无比。来到院中拿起平时用的武器，感觉太轻了，不好使。他东张西望，发现墙角放一根碗口粗、八尺长的铁杵，用手一抓，不轻不重正好，就挥舞起来。

这时，吕祖回来了，连声道："好了！好了！"沉香听了便收起铁杵。吕祖对他说："你的武艺已经学成，可以上山救母了。开山的钥匙在杨戬那里，他有一犬一鹰，十分厉害。我送你药丸二枚，圆的伏犬，长的伏鹰，到时自有用处。"沉香听罢，便提着铁杵，上山找杨戬去了。这就是"九牛二虎之力"的由来。

人非圣贤，孰能无过

释义

"人非圣贤，孰能无过"出自先秦左丘明的《左传·宣公二年》，意思是一般人不是圣贤，犯错误是难免的。

故事

晋灵公是一个残暴的人，经常无缘无故找理由杀人。有一天，厨师送上来熊掌炖得不是很烂，他就残忍把厨师处死了，还命令两个宫人把尸体装在筐里，抬到宫外去埋葬。

正好，尸体被赵盾、士季两位正直的大臣看见了。他们知道具体情况后，非常气愤，决定进宫去劝谏晋灵公。士季首先去朝见，晋灵公知道他为自己杀厨师这件事而来，就假装没有看见他。直到士季往前走了三次，来到屋檐下，晋灵公才看了他一眼，然后毫无悔改之意地说："我已经知道自己所犯的错误了，今后一定改正，你就不用再多说了。"

士季听他这样说，温和地回答："谁没有过错呢？有了过错能改正，那就最好了。如果您能接受大臣正确的劝谏，那您肯定能成为一个好的国君。"

但是，晋灵公并没有真正意识到自己的过错，还是经常实施残暴的行为。相国赵盾好几次劝谏，他不仅不听，还对赵盾十分厌烦，竟然派刺客去暗杀赵盾。不料，刺客也是一个正直的人，不愿去杀害忠诚的赵盾，于是选择了自杀。晋灵公见这样不成，便改变方法，假装请赵盾进宫赴宴，准备在席间杀他。结果赵盾又被卫士救出，让晋灵公的阴谋未能得逞。最后，这个作恶多端的国君，被一个名叫赵穿的人杀死。这就是"人非圣贤，孰能无过"的由来。

不知其人，视其友

释义

"不知其人，视其友"这句谚语出自《孔子家语》，子曰："不知其子，视其父；不知其人，视其友；不知其君，视其所使；不识其地，视其草木。"意思是说，不了解本人，看他周围的朋友就可以了。

故事

公元前405年，魏国国君魏文侯为到底选谁当丞相而犯难，因为丞相的候选人魏成子和翟璜都非常优秀，魏文帝一时犹豫不决。为此，他特地请来李克做参谋，在魏成子和翟璜之间选一个当丞相。

李克并没有直接告诉魏文帝选择哪一个，而是说，选择人才要"居视其所亲，富视其所与，达视其所举，穷视其所不为，贫视其所不取"。意思就是选择人才要看这个人平时和谁往来，也就是他的朋友如何；要看这个人富裕时，如何支配自己的财富；要看这个人处于显赫之时，如何选拔部属；要看这个人处于困境时，其操守如何；要看这个人在贫困潦倒之际，是否取不义之财。魏文帝也是一个非常聪明的人，他听懂了李克的话，马上说："先生，请先回家休息吧，我已经选好丞相了。"

不过，李克并没有回家，而是去了翟璜的家。翟璜打听到魏文帝向李克咨询丞相人选的消息，就迫不及待地向他打听结果。李克倒也不隐瞒，直接告诉翟璜说："魏成子要做丞相了。"

翟璜一听，心中觉得非常不公平。他诉说自己为魏国荐举多位名臣的先进事迹，以及自己为魏国做出的贡献，并反复说：“我哪里输给魏成子了？”

李克把告诉魏文侯的话，一字不差地给翟璜复述了一遍。最后，他直截了当地对翟璜说：“魏成子虽然拿千钟俸禄，却十分之九散在外面，十分之一留在家里，所以访得卜子夏、田子方、段干木三位贤人。三位来到魏国，国君都拜他们为师。而你所推荐的五个人，国君都只让他们做臣僚。你说，你哪里能跟魏成子相比？”这就是“不知其人，视其友”的由来。

不鸣则已，一鸣惊人

释义

“不鸣则已，一鸣惊人”出自西汉司马迁《史记·滑稽列传》，常用来形容那些韬光养晦、智略深沉、不爱表现的人。这些人一旦振作起来，便会做出让人惊叹的成绩。

故事

春秋战国时期，齐威王刚当上齐国国君的时候，齐国还比较弱小。当时，四周强邻环伺，虎视眈眈，想要吞并齐国。齐国的老百姓非常渴望富国强兵，但作为国君的齐威王整日吃喝玩乐，不理朝政。满朝上下都非常着急，却无可奈何。

齐国大夫淳于髡，是一个非常聪明的人。有一次，他与威王一起喝酒，借机向威王说道：“有一只大鸟，落在您的院子里，三年来不叫也不飞，您知道这是一只什么样的鸟吗？”威王笑着回答说：“这只鸟不飞则已，一飞冲天；不鸣则已，一鸣惊人。”

在回答了淳于髡的问题之后，齐威王非常高兴，马上召集御前会议。在会上，他对即墨大夫说：“自从你治理即墨以来，我就不断听到关于你的谣言。但我派人到即墨，了解到那里政通人和，百姓安居乐业，齐国的东部长期稳定发展。所以我想，是因为你没有给我身边的人任何好处吧？他们就是对你不满，这才传播你的谣言！”于是重赏即墨大夫。然后，他转向阿城大夫说：“自你治理阿城以来，我经常能够听到对你的赞美之辞，可是我派人去了解，发现你阿城田园荒废，百姓劳苦，就连赵国攻打甄地，你也见死不救；卫国占领薛陵，你也若无其事。奇怪的是，我身边的人却都称赞你，这又是什么道理呢？”然后下令处死阿城大夫，对经常制造谎言的人也同样逮捕处死。

齐威王的这个行为，让齐国的官吏非常震惊，从此以后大家都实心做事，齐国慢慢强大起来。后来，齐威王整顿兵马，击败赵国，迫使赵国退还占领的土地；又击败卫军，围困了卫都，让卫君割地求和。自此齐国成为中原强国，齐威王成为诸侯国的霸主。这就是“不鸣则已，一鸣惊人”的由来。

不为五斗米折腰

释义

“不为五斗米折腰”出自《晋书·陶潜传》。比喻为人清高，有骨气，不为利禄而屈身事人。

故事

东晋后期的大诗人陶渊明，是名人之后，他的曾祖父就是赫赫有名的东晋大司马。陶渊明性格耿直，清明廉正，为了生存，他最初做过州里的小官，由于看不惯官场上的那一套恶劣作风，没过多久便辞职回家了。

后来，陶渊明还陆续做过一些地位不高的官职，过着时隐时仕的生活。在他四十一岁那年，在朋友的劝说下，陶渊明再次出任彭泽县令。

有一次，县里派督邮来了解情况。这个督邮，原是彭泽县的一个富豪，平时粗俗傲慢，为人所不齿。小吏告诉陶渊明说：“参见督邮要穿官服，还要束上大带，不然就有失体统。”陶渊明听后愤然说：“我不愿为了小小县令的五斗薪俸，就低声下气地去向乡里小儿献殷勤。”说完，封好官印，就辞掉官职，回家去了。

陶渊明当彭泽县令，不过八十多天。他这次弃职而去，便永远脱离了官场。后来，由于农田受灾，房屋失火，家境越来越贫困。即便这样，他始终不愿意再入官场，就连江州刺使送来的米和肉也坚拒不受。朝廷还曾经征召他出任著作郎，也被他拒绝了。这就是“不为五斗米折腰”的由来。

大意失荆州

释义

“大意失荆州”出自《三国志》，意思是粗心大意、骄傲轻敌，最后导致事情失败或造成损失。

故事

诸葛亮把守卫荆州的重任交给了关羽，并嘱咐他一定要联合孙权抵抗曹操。可是关羽骄傲自满，硬是把孙权推到曹操那边去了。

原来，孙权打算与关羽结为儿女亲家。但关羽听了之后，不但拒绝，还对使者说：“我的虎女怎么能嫁给那个犬子？”孙权一听关羽这样欺负人，就决定趁关羽和曹军交战的机会，夺回荆州。

孙权的大将吕蒙把战士们化装成商人的模样，骗过了关羽的江边守军，顺利渡江，趁关羽驻军毫无防备，不费一兵一卒就占领了荆州。

与此同时，曹操派大将徐晃带大队人马攻打关羽。徐晃利用优势兵力，将关羽包围起来。关羽带着关平、廖化拼命杀出一条血路，退到荆州城外的一个麦城。

这时，吕蒙又把麦城紧紧围住。吕蒙派诸葛瑾劝说关羽投降。关羽严词拒绝，说："要不是因为你是诸葛亮的哥哥，我早就把你杀了！"

吕蒙看关羽不投降，就派兵攻打。关羽知道麦城迟早会被攻破，就留下王甫、周仓坚守，自己带着关平、赵累和两百名士兵从北门冲了出去。

关羽在狭窄的山间小路上遭遇两次伏击，身边的士兵越来越少。突然一声炮响，关羽的马被绊马索绊倒，他从马上摔了下来，立刻被捆得结结实实。

孙权要劝降关羽，关羽大骂孙权。主簿左宪对孙权说："曹操当年对关羽那么好，可是关羽还是背叛了他去投奔刘备，你觉得你能留住关羽吗！"于是，孙权就把关羽杀了。这就是"大意失荆州"的由来。

千羊之皮，不如一狐之腋

释义

"千羊之皮，不如一狐之腋"出自《管子》，本意是一千只羊的皮，也不如狐狸腋下的一小撮毛贵重，比喻众愚不如一贤。

故事

春秋时，晋卿赵简子有一个臣子叫周舍，这个人非常喜欢直谏。据说，有一次他曾立在简子门下三天三夜不去。

简子使人问他为什么要这样，他说："愿为谔谔之臣，墨笔操牍，从君之过，而日有所记，月有所成，岁有所效也。"意思就是，他愿意做一个传直话和说直话的臣子，并使其改正，从而收到良好的效果。赵简子为人也耿直，他很欣赏周舍的这几句话，也很感动。

后来，周舍死了，赵简子很伤心，经常愁眉苦脸。尤其是当朝时，他更是满脸不欢快。他这样，让有些臣子大夫以为是自己有过错，便请求简子治他们的罪。简子说："你们并没有罪。我听说千羊之皮不如一狐之腋。诸大夫来朝见，我只能听到唯唯诺诺之声，听不到像周舍那样的谔谔直言。我是为此而难过啊！"

简子的话，让在场的大夫们都非常震惊。而简子也正是靠了他有这样愿意听"谔谔直言"的美德，才使他的事业顺利。这就是"千羊之皮，不如一狐之腋"的由来。

三过家门而不入

释义

"三过家门而不入"出自《孟子》，是大禹治水中发生的故事，形容舍小家为大家，专心工作，因公而忘私的精神。

故事

在尧那个年代，天下还没有太平，大水四处横流，泛滥成灾。同时，草木茂盛，鸟兽繁殖成群，五谷歉收，禽兽威胁着人类的安全。只有尧一人为此忧虑，后来，他将帝位让给了舜。

舜即位后，视察鲧治水的地方，因了解到鲧治水九年而毫无进展，将其杀死在羽山，他命令伯益掌管火政，伯益放火焚烧山林沼泽的草木，使禽兽逃散藏匿。而后他又推举鲧的儿子禹接替治水的工作。禹改变了父亲的方法，采用“疏通”和“引导”的办法。他率领百姓疏浚九条河道，疏通济水漯水而注入大海；挖掘汝水汉水，开掘淮水、泗水，疏导入长江，然后中原地区才能够耕种大地。

在治水的过程中，大禹在外渡过了十三年，三过家门而不入。第一次经过家门时，他的妻子涂山氏正因分娩而呻吟，还有婴儿启的哇哇的哭声。第二次经过家门时，他的儿子启正在他妻子的怀中向他招手，他只是挥手打了下招呼，就走过去了。第三次经过家门时，他的儿子启已长到十多岁了。大禹又匆忙离开，没进家门。

大禹虽然是天下的大王，却身先士卒，就算是劳苦的大臣，也没有他辛苦啊！人们为了赞扬禹的精神，便留下了“三过家门而不入”的谚语。

三句话不离本行

释义

“三句话不离本行”出自清朝李宝嘉的《官场现形记》，意思是人说的话离不开他所从事的职业。

故事

很久以前，一个村子里住着厨师、裁缝、车把式、船把式这样四个能说会道的人。村里人遇到什么调解不了的事情，都要请他们过去帮忙说和。

有一次，一户姓王的人家闹分家，兄弟之间闹得很不愉快，就请他们四个人过去调解。由于这件事情很棘手，四个人便决定先到厨师家碰头想点子。

厨师首先说：“咱们要快刀斩乱麻，别锅啊碗啊的分不清。”

裁缝说：“我感觉我们办事不能太偏，得针过去，线也过去才行。”

车把式接着说道：“其实也不难，咱以前也管过这样的事情，前有车，后有辙，别出大格就行了。”

船把式听了，不耐烦地说：“咱也别啰啰唆唆了，到那儿再‘见风使舵’吧！该怎么分就怎么分。”

厨师的媳妇听了，笑道：“你们几个真是三句话不离本行，卖什么吆喝什么。”她的话刚说完，厨师、裁缝、车把式、船把式又大笑起来，原来，厨师媳妇自己是做小买卖的。这就是“三句话不离本行”的由来。

士别三日，当刮目相待

释义

“士别三日，当刮目相待”出自《三国志·吴书·周瑜鲁肃吕蒙传》，指别人已有进步，不能再用老眼光去看他。

故事

三国时代东吴的吕蒙，年少从戎，胆识过人，屡建奇功，可以说是一个博学多才的人，周瑜死后，他继任东吴的都督。

但是，吕蒙本来是一个不务正业、不肯用功的人，所以没有什么学识。一次，孙权对他说：“作为一名士兵，不认识字、不懂文化还可以理解，但你作为一个将军，还是什么都不懂，就说不过去了。”

吕蒙听了，不以为然，说：“我军务繁忙，实在抽不出时间看书。”孙权说：“难道你比我还忙吗？你得学会挤出时间学习。汉光武帝刘秀常常在带兵作战时看书，向古人学习。我希望你不仅是一位有实战经验的将军，还能了解治国方略，成为我的左膀右臂。”

吕蒙听了，很受感动，也认识到自身的不足，从此以后，他发愤读书，看了很多书籍。

鲁肃是一个出身豪门的将军，一直都看不起不学无术的吕蒙，觉得他没有什么可取的地方。后来，鲁肃巡防到吕蒙的防区，再遇见他时，觉得他和从前完全不同，外表看上去是那样威武。当跟他谈起军事问题时，他显得很有知识，这使鲁肃觉得很惊异，便笑着对他开玩笑说："现在，你的学识这么好，既英勇，又有谋略，再也不是吴下的阿蒙了。"吕蒙答道："人别后三天，就该另眼看待呀！"这就是"士别三日，当刮目相待"的由来。

士为知己者死，女为悦己者容

释义

"士为知己者死，女为悦己者容"出自西汉刘向的《战国策·赵策一》，意思是男人愿意为赏识自己的人献身，女人愿意为喜欢自己的人精心妆扮。

故事

晋国侠客豫让投效智伯，得到智伯的宠信。后来韩、赵、魏三国瓜分了智伯的土地，还杀死了他。其中，赵襄子最痛恨智伯，甚至把智伯的头盖骨拿来作为饮器。

这时，豫让逃到了山里，发誓说："志士为赏识自己的人而牺牲，女子为喜欢自己的人而打扮，我一定要替智伯复仇。”

于是，豫让隐姓埋名，化装成一个受过刑的人，潜伏到王宫以便趁机杀死赵襄子。没过多久，豫让找到机会，准备行刺赵襄子，结果失败被擒。于是，卫士要杀豫让，但赵襄子认为：“这是一位义士，我以后小心躲开他就行了。智伯死后并没有留下子孙，他的臣子中有肯为他报仇的，一定是天下有气节的人。”于是，赵襄子就把豫让放了。

可是，豫让并没有放弃，仍然寻找机会为智伯报仇。他全身涂漆，打扮得像一个生癞的人，还剃光了胡须和眉毛，把自己彻底毁容，然后假扮乞丐乞讨。为了改变声音，豫让就吞下炭。他的朋友对他说：“你这种办法很难成功的。凭你的才干，如果竭尽忠诚去侍奉赵襄子，那他必然重视和信赖你，等你得到他的信赖后，再实现你的复仇计划，你一定能成功的。”

豫让听了，笑笑说：“你的意思是为了老朋友而去打新朋友，为旧君主而去杀新君主，这是极端败坏君臣大义的做法。今天我这样做，就是为了阐明君臣大义，至于能否顺利报仇，并不重要。更何况已经委身做了人家的臣子，却又暗中阴谋计划刺杀人家，这等于是对君主有二心。我今天之所以明知其不可为而为，也就是为了羞愧天下后世怀有二心的人臣。”这就是“士为知己者死，女为悦己者容”的由来。

万事俱备，只欠东风

释义

“万事俱备，只欠东风”出自明朝罗贯中的《三国演义》，意思是什么都已准备好了，只差最后一个重要条件了。

故事

三国时，魏军的曹操拥兵百万，想吞并南方。于是，吴、蜀就联合起来，一起对抗魏。吴军统帅周瑜和蜀军军师诸葛亮在一起研究攻打曹操的方案，经过多次商量，他们决定利用曹操狂妄自大的轻敌情绪，采用火攻的作战方案。

于是，周瑜先用反间计，诱使曹操杀死了曹军中熟悉水战的得力将领蔡瑁、张允。接着，又叫庞统假装为曹操献计，骗曹军把战船连在一起。这样，如果起大火，战船不能分开，曹操的军队就全军覆没。

最后，周瑜又使出“苦肉计”，当着很多人的面痛打老将黄盖，让黄盖去假装投降曹操。实际上，黄盖投降的船中装满了容易燃烧的物品，准备在向曹操投降的时候冲向曹营，发起火攻。

一切都安排好了，周瑜却高兴不起来。原来，要达到火攻的目的，还需要一个非常重要的条件——东南风。只有东南风，才能将火吹向北岸的曹军。但是，现在却是隆冬季节，天天刮的是西北风。

正当周瑜一筹莫展之际，诸葛亮前来拜访，周瑜急忙请教诸葛亮有什么办法。诸葛亮说自己能呼风唤雨，可以借三天三夜东南风来助周瑜。

于是，周瑜立即命人筑了一个土台，叫“七星坛”。诸葛亮在“七星坛”上祈求东南风。其实，是因为诸葛亮通过观察，预测到刮东南风的日期。到了那天，果然东南风大作，周瑜顺利地完成了他的火攻计划，打败了曹操。这就是“万事俱备，只欠东风”的由来。

亡羊补牢，犹未为晚

释义

“亡羊补牢，犹未为晚”出自《战国策·楚策四》，意思是羊丢了再去修补羊圈还不算晚，比喻出了问题以后想办法补救，就可以防止继续遭受损失。

故事

从前有一个牧民，养了几十只羊，白天放牧，晚上赶进一个用柴草和木桩等物围起来的羊圈内。

一天早晨，这个牧民去放羊，发现羊少了一只。原来羊圈破了个窟窿，夜间有狼从窟窿里钻了进来，把一只羊叼走了。邻居劝告他说：“赶快把羊圈修一修，堵上那个窟窿吧。”他说：“羊已经丢了，还去修羊圈干什么呢？”没有接受邻居的好心劝告。

第二天早上，他去放羊，发现又少了一只羊。原来狼又从窟窿里钻进羊圈，叼走了一只羊。这位牧民很后悔没有认真接受邻居的劝告，去及时采取补救措施。于是，他赶紧堵上那个窟窿，又从整体进行加固，把羊圈修得牢牢实实的。

从此，这个牧民的羊就再也没有被野狼叼走过了。这就是“亡羊补牢，犹未为晚”的由来。

小时聪明，大时未必聪明

释义

“小时聪明，大时未必聪明”出自《世说新语》，意思是小时候很聪明，长大了不一定就很有能力。

故事

在孔融十岁那年，他跟着父亲到洛阳去。有一天，他们打算去拜访一个很有名的士人大官李元礼。李元礼很有学问，很多人都想拜会他，但是，来的人实在太多了，他本人有点应接不暇，就决定只接见亲戚朋友。

孔融父子来到李府门前，自然被守门人告诉说李大人只接见自己的亲戚朋友，其他人一律不见。孔融父亲打算回去，没想到孔融告诉守门人说：他和父亲正是李府主人的亲戚。于是，守门人就带他们去见主人。

李元礼很奇怪，自己并没有姓孔的亲戚，就问孔融："你说我们是亲戚，那你说说我们有什么亲戚关系？"

孔融大方地解释说："我的祖先孔子曾经向你的祖先老子（老子原名李耳）请教过礼节。你的祖先是我的祖先的老师，因此，我们应该是世交了。"李元礼和他的宾客听了孔融的推理，都对他的聪明机智赞不绝口。

不过，一个叫陈韪的宾客却讥讽地说："小时了了，大未必佳。"孔融立刻反驳道："那我想您小时候一定是很聪明吧。"

陈韪被他一说，半天也说不出话来，羞得满脸通红。这就是"小时聪明，大时未必聪明"的由来。

小巫见大巫

释义

"小巫见大巫"出自先秦庄周《庄子》，比喻相形之下，一个远远比不上另一个。

故事

三国时期，东吴孙权身边有个叫作张纮的名将，是一个非常有才华的人，不但能写诗，还擅长作赋。当时，张纮有一个同乡——著名的文学家陈琳，陈琳著有《武库赋》，张纮看过后非常欣赏，便写了封信称赞他的文才。

陈琳回信说：“我在河北，几乎与天下隔绝，这里写文章的人少，容易被人注意，所以不是我文笔好，是你太夸奖我了。我和你及张昭两人相比，实在差得太多，就好比是小巫遇见大巫，法术便无法施展一般。”这就是“小巫见大巫”的由来。

丈二和尚摸不着头脑

释义

“丈二和尚摸不着头脑”出自明朝周楫的《西湖二集》，比喻弄不明情况，搞不清底细。

故事

在风景优美的苏州西园寺，有一座迷宫式的“八卦”罗汉堂。这座罗汉堂结构很严谨，而且建筑奇特，引来无数游人驻足赞叹。据说，这座罗汉堂是当时一个身材高大的和尚设计建造的，大家都不知道他的法号，因为他有一丈二高，大家便叫他“丈二和尚”。

在施工建堂的时候，匠人们都迷迷糊糊的，因为“丈二和尚”没有把图样画出来，也没有告诉大家施工计划。“丈二和尚”只是像个工头一样，胸有成竹地领着工人们干活。他边干边指挥，干到哪里就要别人跟到哪里。一个“八卦”式的建筑，把瓦木工人们弄得晕头转向，不知所以。因此，大家都说，摸不着

“丈二和尚”的头脑，弄不清他到底是怎么想的。

就这样，匠人们稀里糊涂地跟在“丈二和尚”身边干，干了很长时间。临到竣工的时候，大家仔细一看，才清楚都干了些什么：一座造型优美，布局合理，玲珑剔透的八卦罗汉堂展现在众人面前。人们这才交口称赞，都非常佩服“丈二和尚”本领高强。这就是“丈二和尚摸不着头脑”的由来。

牛不吃水强按头

释义

“牛不吃水强按头”这句谚语说的是，强按着牛头让它喝水，它是不会喝的，比喻不能强迫人去做不愿做的事情。

故事

《红楼梦》第四十六回讲，贾赦已经到了半百之年，居然又看上了贾老太太的丫鬟鸳鸯，想收到房里。贾赦的大太太邢夫人平时只知道顺从贾赦以自保，她叫来凤姐让她为贾赦求娶鸳鸯。凤姐借贾母的口拒绝，没想到邢夫人威逼，凤姐只好去探鸳鸯的口风。鸳鸯、平儿和袭人在花园相遇。

平儿和袭人见了鸳鸯，便取笑她，结果惹急了鸳鸯。二人见她急了，忙陪笑央告道：“好姐姐，别多心，咱们从小儿都是亲姊妹一般，不过无人处偶然取

个笑儿。你的主意告诉我们知道，也好放心。”鸳鸯道：“什么主意！我只不去就完了。”平儿摇头道：“你不去未必得干休。大老爷的性子你是知道的。虽然你是老太太房里的人，此刻不敢把你怎么样，将来难道你跟老太太一辈子不成？也要出去的。那时落了他的手，倒不好了。”

鸳鸯冷笑道：“老太太在一日，我一日不离这里，若是老太太归西去了，他横竖还有三年的孝呢，没个娘才死了他先纳小老婆的！等过三年，知道又是怎么个光景，那时再说。纵到了至急为难，我剪了头发作姑子去，不然，还有一死。一辈子不嫁男人，又怎么样？乐得干净呢！”平儿袭人笑道：“真这蹄子没了脸，越发信口儿都说出来了。”

鸳鸯道：“事到如此，臊一会怎么样！你们不信，慢慢的看着就是了。太太才说了，找我老子娘去。我看他南京找去！”平儿道：“你的父母都在南京看房子，没上来，终久也寻的着。现在还有你哥哥嫂子在这里。可惜你是这里的家生女儿，不如我们两个人是单在这里。”鸳鸯道：“家生女儿怎么样？‘牛不吃水强按头’？我不愿意，难道杀我的老子娘不成？”

后来，贾赦因鸳鸯拒绝恼怒万分，叫贾琏去南京找鸳鸯之父金彩，贾琏未去被骂。贾赦又叫来鸳鸯的哥哥，让他们夫妻说服鸳鸯做妾，鸳鸯坚决不从，并在贾母面前剪发明誓。这就是“牛不吃水强按头”的由来。

尺有所短，寸有所长

释义

“尺有所短，寸有所长”出自战国时期的楚国人屈原的《楚辞·卜居》，比喻各有长处，各有短处，都有可取之处。

故事

有一天，大老虎和小老鼠相遇了。大老虎对小老鼠说：“你这个小东西，赶快让路，难道还想和我森林之王斗？”小老鼠不服输，说：“比就比，谁怕谁啊！”

于是，大老虎首先举起一把铁锁，说：“怎么样，我力大无比吧？”小老鼠把大老虎带到一棵大树旁，“嗖嗖”爬上了树，大老虎只能在树下干着急。小老鼠得意扬扬地说：“爬树你比不过我。”

接着，大老虎和小老鼠来到了长江边，大老虎几下就过了长江，小老鼠在里面直扑腾，费了九牛二虎之力才上岸，大老虎说：“爬树我比不过你，那过江呢？”

随后，小老鼠把大老虎带到山洞旁，小老鼠钻到了洞里，说：“来呀，来呀，来钻洞呀！”可是，大老虎的身体太大了，钻不进去，只能在洞外干着急。

大老虎说：“尺有所短，”小老鼠说：“寸有所长啊！”它俩成了永远不分离的好朋友。这就是“尺有所短，寸有所长”的由来。

从善如登，从恶如崩

释义

“从善如登，从恶如崩”出自《国语·周语下》，意思是学好就像攀登高山一样困难，学坏就像山崩一样容易。

故事

东周末年，王子朝起兵叛乱。周敬王被赶出都城洛邑，逃至成周。随同逃亡的大臣们建议在成周筑城建都。晋国执政者魏舒表示支持，但遭到卫国大夫彪反对。彪说：“俗话说，‘从善如登，从恶如崩’。说明向上发展很艰难，而走向衰败却很快。商朝从玄王开始，经十四代的努力才正式建成，传到帝四时开始衰败，只七代就灭亡了。现在的周朝从幽王开始，已经走了十四代下坡路，离垮台还会远吗？”这就是“从善如登，从恶如崩”的由来。

风马牛不相及

释义

“风马牛不相及”出自《左传·僖公四年》，比喻事物之间毫不相干。

故事

公元前656年，齐桓公凭借各诸侯国的军队进攻蔡国，蔡国溃败后，齐桓公又会盟北方七国准备联合进攻楚国。楚成王知道消息后，非常震惊，因为齐国的这次征讨是毫无道理的。楚成王一边集合大军准备迎战，一边派大夫屈完迎上前去质问齐国。

屈完作为使者，来到齐国阵营，对齐桓公说："你们居住在北方，我们楚国在遥远的南方，两国之间的距离很远，即使是像马和牛与同类发生相诱而互相追逐的事，也跑不到对方的境内去。可是今天，你们竟然进入我们楚国的领地，这是为什么？"

听了屈完的质问，齐国著名的政治家、军事家管仲回答说："我们是以周天子的名义来征讨楚国的，楚国已经好几年没有进贡了，我们因此来兴师问罪。"屈完连忙解释说："没有进贡确实是楚国的罪过，以后我们会按时进贡的，不如先退兵吧？"

齐桓公没有答应，还邀请屈完同他坐一辆车，一起检阅军队，并威胁说："你看，我们联军这么强大，你们怎么能抵挡得了？"

不料，屈完不卑不亢地答："要是凭武力，我们楚国以方城作为城墙，用汉水作为壕沟，你们就是再来更多的军队，也未必打得进来。所以还是不要打了，我们订立盟约吧！"

屈完一席话，把素以善辩著称的管仲也驳得无话可说，考虑到攻打楚国而久攻不下，只好与屈完签订盟约。这就是“风马牛不相及”的由来。

化干戈为玉帛

释义

“化干戈为玉帛”出自西汉刘安的《淮南子·原道训》，比喻使战争转变为和平。

故事

大禹年幼时，跟随他的父亲鲧来到中原。他的父亲鲧被尧帝封于崇（即中岳嵩山），叫崇伯，实际上是一个封国国君。当时，中原闹水灾，尧帝便叫鲧治水。后来，鲧偷了大帝的息壤来治水，结果并没有成功，被处死在羽山。

大禹的父亲被杀之后，舜又向尧推荐说：“可以让鲧的儿子禹接替父职，继续治水。”禹深知如果自己再不能成功，只能被杀。因此，他“薄衣食，卑宫室”“声为律，身为度”“左准绳，右规矩”“疏九河，陂九泽”“度九山，开九州”，为平定水患劳累不已，居外十三年，三过家门而不入。

不仅如此，大禹还功成不居，谦卑自律，责躬罪己，仁厚爱民。以前，大禹的父亲鲧在自己的封地上建造很高的城墙来保卫自己，使得自己属下的部落及族人纷纷离他而去。大禹当上首领后，马上派人拆掉了城墙，填平了护城河。他还把自己的财产分给大家，毁掉兵器，以道德来教化人民。

在大禹的带领下，天下安定，国富民强，老百姓家里集聚了够好几年吃的粮食，国库中的贮备也足够用好几十年。消息传出后，别的部族纷纷前来归附。后来，大禹在涂山开首领大会时，来进献玉帛珍宝的首领达到了上万人。这就是“化干戈为玉帛”的由来。

天知地知，你知我知

释义

“天知地知，你知我知”出自《后汉书·卷五十四·杨震传》，意思是除天地你我以外，没有别人知道，比喻事情非常秘密。

故事

东汉人杨震是一个让人称赞的清官，不接受私人请托、谒见，他的子孙和平民百姓一样，常吃蔬菜，出门步行，生活非常简朴。

杨震从少年起就聪明好学，通晓经传，博览群书，对各种学问都深入钻研。杨震在还没有当官前，在家乡办学，四方的求学者络绎不绝。他教学有方，有教无类。杨震办学多年，为国家培养了大量人才，因此声名大噪。

当时的大将军邓骘听说了，很敬重杨震的学识和贤能，就征召杨震到自己的府内任职。上任不久，杨震又被推举为“茂才”出任地方官，先后升迁为襄城令、荆州刺史、东莱太守、涿郡太守，再调升为九卿之一的太仆、太常，后又晋升为三公的司徒、太尉。

据说，杨震在赴任东莱太守途中，路经昌邑。当时的昌邑县令王密，是他任职荆州刺史时推举“茂才”提拔的官员。王密听说杨震路过本地，为报答当年杨震的提携之情，于是白天去谒见杨震，晚上则准备了白银十斤想赠送给杨震。杨震对他说：“我们是老朋友，我很了解你的为人，你却不了解我，为什么呢？”

王密说：“现在是深夜没有人知道。”杨震说：“天知、神知、我知、你知，怎么能说没有人知道呢？”王密听完后，惭愧地离开了。这就是“天知地知，你知我知”的由来。

太公钓鱼，愿者上钩

释义

“太公钓鱼，愿者上钩”出自《武王伐纣》，比喻心甘情愿地上当。

故事

太公姓姜名尚，又叫吕尚，是辅佐周文王、周武王灭商的大功臣。他在没有得到文王重用之前，隐居在陕西渭水边。

太公常常在溪旁垂钓，但他钓鱼和一般人不一样。一般人钓鱼，用弯钩，上面接着有香味的饵食，然后把它沉在水里，诱骗鱼儿上钩。但太公的钓钩是直的，上面也不挂鱼饵，而且他还不把鱼钩沉到水里，离水面有三尺高。太公一边高高举起钓竿，一边自言自语地说："不想活的鱼儿呀，你们愿意的话，就自己上钩吧！"

有一天，一个打柴的樵夫来到溪边，看太公这样钓鱼，就对他说："老先生，像你这样钓鱼，一百年也钓不到一条鱼的！"

太公举了举钓竿，笑着说："哈哈！我才不是为了钓到鱼呢，我是为了钓到王与侯！"

太公这种奇怪的钓鱼方法，终于传到了姬昌那里。姬昌知道后，就派一名士兵去叫他来。太公看见了，却并不理睬这个士兵，只顾自己钓鱼，还自言自语地说："钓啊，钓啊，鱼儿不上钩，虾儿来胡闹！"

士兵没有请到太公，就回去如实禀报给了姬昌。姬昌听了士兵的禀报后，就派一名官员去请太公来。太公依然不答理，边钓边说："钓啊，钓啊，大鱼不上钩，小鱼来胡闹！"

官员也没有请到太公，只得空手回去禀报。姬昌这才意识到，这个钓者一定是位贤才，要亲自去请他才对。于是，他吃了三天素，洗了澡换了衣服，带着厚礼，去聘请太公。太公见他诚心诚意来请自己，便答应为他效力。

后来，姜太公辅佐姬昌，兴邦立国，灭掉了商朝，实现了自己建功立业的愿望。这就是“太公钓鱼，愿者上钩”的由来。

无颜见江东父老

释义

“无颜见江东父老”出自西汉司马迁的《史记·项羽本纪》，指因自己的失败而感到羞愧，再也没脸见家乡父老。

故事

公元前203年，韩信驻兵在垓下，准备与项羽进行决战。他在十个方向埋伏了军队，又派士兵冲着楚营大声叫骂，结果项羽率领十万大军一直冲到垓下，中了韩信的十面埋伏，陷入汉军的重重包围之中。

夜里，包围楚军的汉军营中传来了楚地的民歌声，不少楚军士兵听了，都流下了眼泪。项羽吃惊地说：“难道楚军全都投降了刘邦吗？汉军中怎么会有那么多的楚人呢？”

项羽稳定了一下情绪，跨上战马，率领八百多名壮士组成骑兵队，趁着夜色突出重围，向南奔去。汉军将领灌婴立即率领五千骑兵追击。项羽跑到阴陵时迷了路，问一位在田中耕作的老翁该怎么走，老翁告诉他向左。于是，项羽向左跑去，结果闯进一片大沼泽之中，被汉兵追上。项羽的骑兵与赶来的汉兵展开了血战，项羽左刺右劈，杀了不少的汉兵。汉军将士看到项羽这么勇猛，一时间不敢逼近，只是远远地叫嚷喊杀。

接着，项羽和骑兵们跑到了乌江边。乌江的亭长正划着一只小船等在江边，见到项羽过来，就对他说："您赶紧上船过江东去吧。江东地方虽小，也有一千多里土地、几十万人口，您还可以在那里称王。"项羽听后笑了一笑说："当初我与八千江东子弟渡江西进，现在我怎么能一个人回去呢？就算是江东父老同情我，立我为王，我还有什么面目去见他们？"说完，他将心爱的乌骓马送给亭长，又转过身，和剩下的士兵手持短剑与汉军拼杀。项羽一人消灭了数百名汉军，自己身上也受了十几处伤，最后在乌江边拔剑自刎。这就是"无颜见江东父老"的由来。

半部《论语》治天下

释义

"半部论语治天下"出自宋朝罗大经的《鹤林玉露》，意思是说只要将半部论语读通了，就能治理天下，强调学习经典的重要性。

故事

北宋开国宰相赵普早年学习和熟悉的是“吏事”，就是一些和军队相关的事情，基本没有时间专心读一些经典圣贤书，因此有点不学无术。等他当了宰相之后，由于适应不了宰相之职和赵匡胤的要求，出了不少洋相。宋太祖赵匡胤知道他的成长经历，就经常劝他好好读书。从此，赵普回家后就闭门苦读书，学问大有长进。

宋太祖死后，他的弟弟继位，就是宋太宗。这时，赵普仍然担任宰相。大家都传言赵普平时只看一本《论语》，其他什么书都不看，宋太宗不相信，于是就问他：“有人说你只看《论语》这一本书，是吗？”

赵普老实回答说：“臣平生所知，都没有超过这本书，昔以其半辅太祖定天下，今欲以其半辅陛下致太平。”

赵普去世后，家里人打开他的书箱，果然只有一本《论语》。这就是“半部论语治天下”的由来。

半路杀出个程咬金

释义

“半路杀出个程咬金”出自《说唐全传》，指发生了原本没有预料到的事情，导致事情失败。

故事

隋朝末年，政治腐败，天下大乱。山东好汉程咬金和尤俊达结拜，商议打算抢夺皇杠。皇杠就是靠山王杨林给隋炀帝杨广搜刮来的四十八万两银子，还包括珊瑚、翡翠、珍珠、玛瑙、猫眼石等奇珍异宝，都是搜刮山东、河南一代老百姓的民脂民膏。程咬金和尤俊达两人做好了周密的计划，就在长叶林小孤山埋下了“重兵”，专等着鱼儿上钩。

六月二十四日，卢芳、薛亮果然带着押送皇杠的官军一千多人，来到了长叶林小孤山。卢芳、薛亮不知道这里有埋伏，照样往前走。约莫走到山道中了，突然听见一声大喝：“呔！哇呀呀呀！尔等快快停下！劫道的到啦！”

这一嗓子就像晴天里的一个霹雳，震得山谷嗡嗡直响，把卢芳、薛亮吓了一跳。两人仔细一看，只见前面站着一位身高八尺，肩宽背阔、腚大腰圆的大汉。此人面似蟹壳，朱砂眉，大环眼，狮子鼻子，方海阔口，头戴虎头金盔，身穿虎头吞口的金钉大叶连环宝甲，外罩红罗袍，真如同天神下界一般。

程咬金把大斧子一晃，“呔！我是本地一霸天，专门劫财不要砖，你想要从此路过，快快留下买路钱。牙嘣半个说不字，尔来看！”他一晃手中的斧子“我一斧子一个，管杀管埋不管迁！”“嗨！”尤俊达在山坡上一听，乐了，这是算什么劫道的呢？

卢芳一听，明白了，也不多说话举起大枪就射向程咬金。程咬金也不含糊，拿着大斧子劈了过去。二人就这样打了起来，没过几招，卢芳就拨马败阵下来。薛亮一看，把滚龙刀拿在手中，拍马舞刀直奔程咬金。结果，两个回合，又败阵下来。

程咬金和尤俊达成功地劫下了皇杠，大胜而归。隋炀帝的皇杠有三次都是在押运途中被他们抢劫而光。不管押运皇杠的官兵有多少人、本领有多么高强，都被从半路上杀出来的程咬金用斧头杀的大败而去。程咬金从此威名大震。这就是“半路杀出个程咬金”的由来。

白头如新，倾盖如故

释义

“白头如新，倾盖如故”出自《史记·鲁仲连邹阳列传》。意思是有些人做了一辈子朋友，大家头发都白了，却还像刚刚认识的一样，彼此并不了解。有些人只在路上相见一面，停车下来，揭开车盖交谈，却如同多年的老朋友一般。

故事

西汉时期，邹阳因为受人诬陷，被梁孝王关进了监牢，并且马上就要被处死了。邹阳十分激愤，他在狱中给梁孝王写了一封绝笔信。

邹阳在信中说，古人认为只要待人真诚就不会被人怀疑，这纯粹是一句空话。然后他列举事实说明：荆轲冒死为燕太子丹行刺秦王，可是太子丹一度怀疑他胆小畏惧，不敢立即出发。卞和将和氏璧献给楚王，可是楚王反说他犯了欺君之罪，下令砍掉他的脚。李斯竭心尽力辅佐秦始皇，使秦国富强，结果却被秦二世处死。所以谚语有说："白头如新，倾盖如故。"

梁孝王读了邹阳的信后，非常感动，立即把他释放，并视为贵宾接待。

打肿脸充胖子

释义

"打肿脸充胖子"出自姚雪垠的《李自成》，比喻自己没有能力做某件事，却为了撑面子，宁可付出代价而硬充作了不起。

故事

有个齐国人常在他的妻妾面前炫耀说，自己天天和有钱有势的人在一起，免费吃喝。妻妾们都很怀疑，说相信吧，却又不见任何达官贵人来造访；说不相信吧，却每天都看到丈夫嘴巴油乎乎的。

有一天，丈夫又出门，说是去见哪位贵人。妻子便悄悄地跟在后面想看个究竟。她看到，丈夫走在城中，竟没有一个人与他攀谈。跟着跟着，就跟着丈夫来到了东郊的墓地，妻子发现丈夫竟然厚着脸皮向祭扫坟墓的人乞讨祭品，一个地方没吃够又转向另一个地方。原来这就是他天天“吃香喝辣”的原因。

《资治通鉴》里也有一个“打肿脸充胖子”的故事。隋炀帝大业年间，隋朝的附属国商人要到京城长安做生意，朝廷便命令所有店铺都要装修一新，连卖菜的都要把白菜萝卜放在华美的席子上。

有一群胡人从酒食店经过时，店家热情地邀请他们到店里做客。酒足饭饱之后，胡人要掏钱埋单，店家摆摆手：“中国很丰饶，喝酒吃饭都不要钱的。”胡人大为惊叹：吃饭都不要钱，中国这么富裕！不过，也有聪明点的胡人看到用缯帛缠树，便说：“中国也有穷人，没有衣服穿，为什么不把缯帛送给他们，缠树干什么呢？”见露馅了，国人都羞惭得无言以对。这就是“打肿脸充胖子”的由来。

好汉不吃眼前亏

释义

“好汉不吃眼前亏”出自清朝李宝嘉的《官场现形记》，意思是聪明人能识时务，暂时躲开不利的处境，免得吃亏受辱。

故事

西汉大将军韩信很小的时候就失去了父母，主要靠钓鱼换钱来维持生活。他还经常受到一位靠漂洗丝绵为生的老妇人的周济，屡屡遭到周围人的歧视和冷遇。

一次，韩信来到一个市场里卖鱼。一群恶少当众羞辱韩信，有一个屠夫对韩信说："韩信，你虽然长得又高又大，还喜欢戴刀配剑，但是你胆子小得很。不服气的话我们来打个赌，你敢用你的配剑来杀死我吗？如果不敢，就从我的裤裆下钻过去。"

说完，屠夫张开双腿，等韩信来钻。韩信暗想，自己势单力薄，硬拼肯定吃亏，好汉不吃眼前亏，钻就钻吧。于是，当着许多围观人的面，从那个屠夫的裤裆下钻了过去。之后，韩信发愤图强，成为伟大的军事家。这就是"好汉不吃眼前亏"的由来。

民以食为天

释义

"民以食为天"出自《汉书·郦食其传》，此语指百姓依靠粮食才能生活下去，说明粮食的重要性。

故事

秦朝末年，有一个名叫郦食其的书生，很有学问，也有智谋。他曾经给刘邦献计，智取陈留，所以最后被封为广野君。

秦朝灭亡之后，刘邦为了和项羽争夺霸主，联合各地反对项羽的力量，据守荥阳、成皋。荥阳西北有一座敖山，山上有座小城，是秦朝时建立的。因为城内有许多专门储存粮食的仓库，所以成为敖仓，它也是当时关东最大的一个粮仓，因此也成为刘邦和项羽争夺的重要之地。

在项羽的猛烈攻击下，刘邦军队惨遭失败，打算把成皋以东都让给项羽，然后再组织力量，与项羽一战。为了保险起见，刘邦想听听郦食其的想法。郦食其否定了刘邦的想法，他说："做帝王的人要以民为天，而民以食为天，楚军不知道守护粟仓而东去，这是上天帮助汉朝成功的好机会啊！如果我们放弃成皋，退守巩、洛，把这样重要的粮仓拱手让给敌人，这对当前的局面是非常不利的啊！希望你迅速组织兵力，固守敖仓，一定会改变目前不利的局势。"

刘邦听从了郦食其的建议，最终取得了胜利。这就是"民以食为天"的由来。

宁为玉碎，不为瓦全

释义

"宁为玉碎，不为瓦全"出自唐代史学家李百药的《北齐书·元景安传》，意思是宁愿打碎玉器，也不保全陶器，比喻宁愿壮烈牺牲，也不愿苟且偷生。

故事

北朝时期，东魏的丞相高洋，用计谋逼迫孝静帝退位，自己当上了皇帝，建立了北齐政权。高洋这个人心狠手辣，为了不留后患，又把孝静帝和他的三个儿子都杀死了。可是，高洋做了坏事以后心里很害怕。

有一天，天空出现了日食，高洋非常担心这是个不吉祥的兆头。于是，他就问自己的亲信："西汉末年，王莽篡夺了刘家的天下，光武帝刘秀却还能夺回天下，这是因为什么？"

这名亲信摸清楚了高洋的心思，便说是因为王莽没有斩草除根，没有把刘氏宗室的人杀干净。高洋听了，深得他的意思，便下令把东魏的宗室近亲全部杀掉，连小孩也不放过。一共杀了四十多家，七百多口人。高洋的残忍行为，让东魏宗室的远房宗族都感到很害怕，担心自己什么时候也会被杀掉，于是聚在一起商量怎么办。

有一个叫元景安的县令主张说，要不大家都改姓高，不姓元。不过，遭到他的堂兄元景皓的断然拒绝。他说："安有弃其本宗而从人之姓者乎！大丈夫宁可玉碎，何能瓦全。"元景安很生气，就把这个事情告诉了高洋。后来，元景皓被处死。这就是"宁为玉碎，不为瓦全"的由来。

皮之不存，毛将焉附

释义

“皮之不存，毛将焉附”出自汉朝刘向的《新序·杂事》，意思是皮都没有了，毛还长在哪儿？比喻失去了基础，事物自然无法存在。

故事

一天，魏文侯外出巡游，他在路上看到一个人将皮衣反穿在身上，毛向内、皮朝外，背上还背着一篓喂牲口的草。

魏文侯很奇怪，就问他：“你为什么反着穿皮衣呢？”

那人回答说：“我很爱惜这件皮衣，担心把毛露在外面，容易损坏毛，特别是背东西时，更怕毛被磨掉了。”

魏文侯听了，对那人说：“但是你知道吗？其实皮子更重要，如果皮子磨破了，毛就没有依附的地方了，那你想舍皮保毛不就是一个错误的想法吗？”

那人听不进去，背着草走了。

回去之后，魏文侯将朝廷大臣们召集起来，对他们讲了那个反穿皮衣的人的故事，并说：“皮之不存，毛将焉附？如果老百姓不得安宁，国君的地位也难以巩固。希望你们记住这个道理，不要被一点小利蒙蔽了眼光，看不到实质。”众大臣深受启发。这就是“皮之不存，毛将焉附”的由来。

平时不烧香，急来抱佛脚

释义

“平时不烧香，急来抱佛脚”是一句俗语，来源于佛教经典，意思是平时不往来，遇有急难才去恳求，后来用于形容平时没有准备，临时慌忙应付。

故事

古时候，在云南的南面有一个小国家，这个小国家的百姓大部分都是信仰释迦牟尼的佛教徒。

有一次，一个被判了死刑的罪犯，在深夜挣断了锁链和木枷越狱逃跑了。第二天清晨，官府发现后立刻派差役四处追捕。罪犯逃了一天一夜，精疲力竭，眼看着追兵马上就要到了，便一头钻进了一座古庙。

这座庙宇里供着一座释迦牟尼的坐像，这座佛像高大无比。罪犯一见佛像，心里悔恨不已，抱着佛像的脚，号啕大哭起来，并不断用磕头表示忏悔。这个罪犯一边磕头，一边嘴里不停地说：“佛祖慈悲为怀，我自知有罪，请求剃度为僧，从今往后，不敢再为非作歹！”不一会儿，他的头也磕破了，浑身上下都是鲜血。

正在这时，追兵赶到。差役看见这样的情景，被罪犯的虔诚所感动，便派人去禀告官府，请求宽恕他。官府听后，不敢擅自做主，马上禀告国王。国王笃信佛祖，于是便赦免了这个罪犯的死罪，让他入寺剃发当了和尚。这就是“平时不烧香，急来抱佛脚”的由来。

失之毫厘，差之千里

释义

“失之毫厘，差之千里”出自《礼记·经解》，意思是稍微有一点差错，就可能会引发很大的错误。

故事

在《刘玄德独赴襄阳会》中，有这样一个故事：东汉末年，天下大乱，刘备、关羽、张飞结义为兄弟，起兵争夺天下的王位。不过，在徐州一战，刘备被曹操击败，三兄弟失散。三年之后，三兄弟在古城聚会。古城地势狭长，缺乏粮草，而对手曹操却有百万雄兵，千员战将。刘备自知很难抵抗曹操，便孤自一人前往襄阳拜会荆州牧刘表，想要借城屯兵。

对于刘备的到来，刘表表示欢迎，让自己的长子刘琦、次子刘琮作陪。还答应借给刘备新野、樊城，并让刘备接管荆襄九郡的牌印。刘琮对此非常不满意，认为刘备借城，日后恐怕会夺荆州，于是借故离开宴席，召部将蒯越、蔡瑁，准备捉拿刘备。

刘琮在戏里唱道：“河里一只船，岸上八个拽。

若还断了箄，八个都吃跌。某乃刘琮是也，我父刘表，兄乃刘琦，父子三人。武艺不会，所事不知，能吃好酒，快吃肥鸡。颇奈刘备无礼，着一首将持一封书，问俺父亲借个城子。俺父亲差之毫厘，失之千里，掉在壕里，签了大腿。我如今想来，则恐怕久以后将荆州夺了。我手下有二将，是蒯越、蔡瑁，叫他来共同商议。”

不过，刘琦察觉到他的弟弟要暗算刘备，便以“枣、桃、梨”为暗示，让刘备迅速逃离。这就是“失之毫厘，差之千里”的由来。

司马昭之心，路人皆知

释义

“司马昭之心，路人皆知”出自《三国志·魏书·高贵乡公传》，意思是所有的人都知道他的野心。

故事

司马昭是三国时魏国人，他父亲司马懿，是魏国很有名的大将。司马懿死后，他的大儿子司马师辅助十三岁的皇帝曹髦，掌管大权。可惜没过多久，司马师就病死了。司马师病重时，把一切权力都转交给了弟弟司马昭。

司马昭总揽大权后，野心比他的父亲和哥哥都大，总想自己取代曹髦当皇帝。为此，他不断铲除异己，打击政敌。年轻的曹髦虽然只有十几岁，但是知道自己是一个“傀儡”皇帝，迟早会被司马昭害死的。于是，他就打算用突然袭击的办法，除掉司马昭。

一天，曹髦把自己的心腹大臣找来商量对策。曹髦说：“司马昭之心，路人皆知也。我不能白白地忍受被他推翻和杀害的耻辱，你们愿意和我一道去讨伐他吗？”几位大臣心里都很清楚司马昭的势力，明白这样做等于送死，都纷纷劝阻曹髦，让他暂时忍耐，等待时机。其中一个叫王经的大臣对曹髦说：“如今司马昭手握大权，他的人遍布满朝文武；您现在力量很弱，如果莽撞行动，后果一定会不堪设想，您还是慎重考虑一下吧。”

可惜曹髦不听劝告，亲自率领侍卫数百人准备偷袭司马昭。谁知奸细告发，消息很快就传到了司马昭那里。司马昭立即派兵，杀死了曹髦。这就是“司马昭之心，路人皆知”的由来。

四海之内皆兄弟

释义

“四海之内皆兄弟”出自《论语·颜渊》，表示天下的人都像兄弟一样相亲相爱，和睦共处。

故事

孔子的弟子司马牛，有一次向孔子请教怎样做君子。孔子对他说：“四海之内皆兄弟，君子不忧愁，不害怕。”

司马牛不懂这话是什么意思，便问道：“不忧愁，不害怕，这就叫作君子了吗？”

孔子说：“君子经常反省自己；所以内心毫无愧疚，还有什么可忧愁、可害怕的呢？”

司马牛告辞了孔子，接着，司马牛见到了其师兄子夏。司马牛便忧愁地说：“人家都有兄弟，那是多么的快乐呀，唯独我没有。”

子夏听了安慰他说：“我曾经听说：‘一个人死与生，要听从命运的安排，富贵则是由天来安排的。’君子对工作谨慎认真，不出差错；和人交往态度恭谨而合乎礼节，那么普天之下到处都是兄弟，君子何必担忧没有兄弟呢？”这就是“四海之内皆兄弟”的由来。

四体不勤，五谷不分

释义

“四体不勤，五谷不分”出自先秦孔子的《论语》，形容知识分子脱离生产劳动，缺乏生产知识。

故事

子路跟随孔子出行，落在了后面。之后，他遇到一个老丈，用拐杖挑着除草的工具。

子路问道：“你看到我的老师吗？”老丈说：“四肢不勤快，五谷不分，谁承认是你的老师？”说完，便扶着拐杖去除草。

子路拱着手恭敬地站在一旁。晚上，老丈留子路到他家住宿，杀了鸡，做了小米饭给他吃，又叫两个儿子出来与子路见面。第二天，子路赶上孔子，把这件事告诉了孔子。孔子说：“这是一个隐士啊。”叫子路返回去拜见他。

子路到了那里，老丈已经走了。子路把孔子的话留给老丈的儿子，说：“不做官是不对的。长幼间的关系是不可能废弃的；君臣间的关系怎么能废弃呢？想要自身清白，却破坏了根本的君臣伦理关系。君子做官，只是为了实行君臣之义。我的道行不通，我是早就知道了。”这就是“四体不勤，五谷不分”的由来。

外举不避仇，内举不避亲

释义

“外举不避仇，内举不避亲”出自《左传》，意思是推荐人才，不要因为是仇人就不推荐，也不要因为是亲戚就不推荐。

故事

晋平公问祁黄羊：“南阳地方没有长官，谁适合去补这个缺？”祁黄羊回答：“解狐适宜。”平公说："解狐不是你的仇人吗？"他回答："您问的是谁适宜，并不是问的谁是我的仇人呀。"平公说："很好。"依着他任命了解狐。国都里的贵族都称赞任命得对。

隔了一些时候，平公又问祁黄羊：国家缺少了军事统帅，谁适宜担任这个工作？"他回答："祁午适宜。"平公说："祁午不就是你的儿子吗？"他回答："您问的是谁适宜，并不是问的谁是我的儿子呀。"平公说："很对。"又依着他任命了祁午。国都里的贵族都称赞任命得好。

孔子听到了这些事，说："真好啊，祁黄羊提的建议！推荐外人不排除仇人，推荐自己人不回避儿子，祁黄羊可以说是大公无私了。"这就是"外举不避仇，内举不避亲"的由来。

只许州官放火，不许百姓点灯

释义

"只许州官放火，不许百姓点灯"出自宋朝陆游的《老学庵笔记》，意思是统治者自己可以胡作非为，老百姓却连正当活动都要受到限制。

故事

北宋时，有个太守叫田登，非常专制蛮横。因为他的名字里有个"登"字，他就不允许州内的百姓在谈话时说到任何一个与“登”字同音的字，而且只要是与“登”字同音的，都必须用其他字来代替。谁要是触犯了他这个忌讳，就要被加上“侮辱地方长官”的罪名，重则判刑，轻则挨板子。不少吏卒就因为不小心说到与“登”同音的字，遭到鞭打。老百姓们都怨声载道。

一年一度的元宵佳节就要到来了。依照以往的惯例，州城里都要放三天焰火，点三天花灯来庆祝。州府衙门要提前贴出告示，让老百姓到时候来观灯。可是这次，却让出告示的官员感到十分为难。怎么写才合适呢？用上“灯”字吧，要触犯太守；不用“灯”字吧，意思又表达不明白。想了好久，写告示的小官员只能把“灯”字改成“火”字。这样，告示上就写成了“本州照例放火三日”。

告示贴出后，老百姓看了都十分惊讶。尤其是一些外地来的客人，更是丈二和尚摸不着头脑，还真的以为官府要在城里放三天火呢！大家纷纷收拾行李，争着离开这是非之地。当地的老百姓，平时对于田登的专制蛮横无理已经是非常不满，这次看了官府贴出的这张告示，更是气愤万分，纷纷说：“只许州官放火，不许百姓点灯，这是什么世道！”这就是“只许州官放火，不许百姓点灯”的由来。

只要功夫深，铁杵磨成针

释义

“只要功夫深，铁杵磨成针”出自宋朝祝穆的《方舆胜览·眉州·磨针溪》，比喻只要有决心，肯下功夫，多么难的事也能做成功。

故事

李白出身于富商家庭，平时吃穿不愁，日子过得无忧无虑。但就是这种生活养成了他贪玩的习惯，再加上他害怕困难，不肯下功夫，所以成绩很不好。他上课也不认真听讲，常常人坐在书桌前，心早就飞到外边去了，对于老师讲课的内容，更是不了解。有时他索性丢下书本，偷偷地跑到外边去玩。

有一天，他又偷跑出来玩，一个人晃荡到一条河边，看到一位老妇人在磨一根大铁棒。李白觉得奇怪，就停下脚步，看了起来。只见老妇人在石头上洒了一些水，然后不停地磨呀，磨呀，石头都磨成一个月牙形了。

李白好奇地问：“老人家，您磨大铁棒干什么？”

老妇人说：“我想把它磨成一根针。”

李白一听哈哈大笑起来：“这么粗的大铁棒磨成一根针，您是在开玩笑吧？”

老妇人认真地说：“不，不是开玩笑。只要坚持不断地磨，总会越来越细。只要功夫深，铁棒也能磨成针啊！”

李白听了老妇人的话，被深深地感动了。学习不也是这样吗？只要天天认真学习，就会不断进步。他告别了老妇人，决心从今以后认真读书。这就是“只要功夫深，铁杵磨成针”的由来。

百闻不如一见

释义

“百闻不如一见”出自《汉书·赵充国传》，意思是听到一百次，也不如亲眼见到一次，强调凡事要经过调查研究才能下结论。

故事

汉朝的时候，在西边湟水一带，聚居着羌族人，大家称他们为西羌。自从汉武帝打败匈奴以后，西羌一直比较安定。到了汉宣帝时，朝廷派官员渠安国去西羌视察，那里的一些部落请求朝廷放宽禁令，但问题还没有解决，渠安国就回来了。

过了不久，西羌的一些部落就开始联合起来渡过湟水，并派人与匈奴联系。渠安国带了一批人马再去西羌，结果被西羌打得大败。

这该怎么办呢？宣帝立刻请来老将军赵充国，并向他咨询。赵充国说：“我去最合适了。”宣帝又问赵充国："请将军估计一下西羌的情况，他们的实力如何，该派去多少人马？"赵充国回答说："百闻不如一见。对方军事上的情况如何，在后方很难准确地估计，还是让我到那里了解一下情况，再回来制定策略吧！"赵充国到了西羌，先是认真了解情况，又采取了分化瓦解的办法，团结了大多数西羌人，终于使西羌安定下来。这就是"百闻不如一见"的由来。

百尺竿头，更进一步

释义

"百尺竿头，更进一步"出自唐朝吴融的《商人》诗："百尺竿头五两斜，此生何处不为家。"比喻不应满足已有成就，继续努力，以取得更好的成绩。

故事

宋朝时，长沙有位高僧叫景岑，大家都称他为招贤大师，也有人称他为"长沙和尚"。招贤大师造诣高深，精通佛理，他经常到各地去传道讲经，名气也越来越大。

一天，招贤大师又被邀请到一座佛寺的法堂上讲经。大师讲得深入浅出，听的人都深受感染，被大师所折服。招贤大师讲经完后，一名僧人站起来，向他提了几个问题，大师不紧不慢地作答起来。那僧人听到不懂处，又向大师提问，于是两人一问一答，气氛亲切自然。

他俩的谈论，非常深奥，是关于佛教的最高境界——十方世界的内容。在座的一些僧人并不了解什么是“十方世界”，为了说明“十方世界”究竟是怎么回事儿，招贤大师当场出示了一份偈帖：“百尺竿头不动人，虽然得入未为真。百尺竿头须进步，十方世界是全身。”意思是，百丈的竹竿并不算高，尚须更进一步，十方世界才算是真正的高峰。这就是“百尺竿头，更进一步”的由来。

此地无银三百两

释义

“此地无银三百两”，并无出处，是民间流传下来的，比喻想要隐瞒掩盖某些事，掩盖真相，却因为手法拙劣彻底暴露。

故事

从前，有一个叫张三的人，存了三百两银子，想把它藏起来，又怕被人偷去，想来想去，还是把它埋起来好。于是找了个隐蔽地方挖了个坑把银子埋了，但还是不放心，就在埋银子的地方立了块牌子，上面写道：“此地无银三百两。”

他的邻居王二看到了这个牌子，大笑道：“这不是明明告诉人们，这里有三百两银子吗？”于是就把银子挖走了，但也不放心，怕张三怀疑自己，于是就在那块牌子边上又立了一块牌子，上面写道“隔壁王二不曾偷”。这就是“此地无银三百两”的由来。

此一时，彼一时

释义

“此一时，彼一时”出自《孟子·公孙丑下》，意思是那时是一个时候，现在又是一个时候。表示时间不同，情况有了变化，反映了具体问题具体分析的正确态度。

故事

宋国有一个走江湖卖艺的人，请求宋元君召见，想用自己的技艺谋取一些赏赐。宋元君当时心情很好，就召见了他。其实，他的技艺就是用两根比自己身体长的木棍绑在小腿上，然后一边走一边舞剑。舞的一共是七把剑，轮流抛接，所以总有五把剑在空中。宋元君看了，非常惊奇，最后赏赐了很多金银绸缎给他。

没过多久，又有一个走江湖会表演模仿燕子杂技的人听到了这个消息，也想学习前人，向宋元君求一些赏赐。没想到，宋元君听了却大怒，说：“先前有一个人以特技来寻求赏赐，虽然他的技艺十分平庸，但正好碰上我高兴，所以赏赐了他。这人一定是听到了这个消息才到我这儿来的，也希望得到我的赏赐。”于是把他扣押起来，足足关了一个月才把他放了。这就是“此一时，彼一时”的由来。

成也萧何，败也萧何

释义

“成也萧何，败也萧何”出自宋朝洪迈的《容斋续笔·萧何给韩信》，意思是指成败都是因为同一个人或同一件事。

故事

萧何是西汉初年政治家，刘邦为汉王后，以萧何为丞相。韩信起初在项羽手下当一个郎中小官，虽然他屡次向项羽献策，但都没有被采用。于是，韩信就从楚军逃亡到了汉军，做了一名小小的治粟都尉。萧何好几次与韩信谈话，发现他是一个奇才。

后来，汉军到达南郑时，很多将士都逃跑了。韩信见自己在汉军这里还是不受重用，便同大家一起逃跑了。萧何听说后，来不及向刘邦禀明，就连夜去追韩信。刘邦刚开始还以为萧何也跟着逃跑了呢，原来是去追一个不出名的韩信，不免就有些生气。

萧何也不着急，慢慢地向刘邦解释自己去追韩信的理由，还说韩信不是一个普通的人才。在萧何的大力推荐下，韩信从一名小军官，被刘邦提升为统率全军的大将。在韩信的指挥下，汉军果然取得了很多胜利。攻下齐国后，韩信被立为齐王；最后还打败了项羽，又被迁封为楚王。

后来，因为刘邦对韩信的不信任，导致韩信开始怨恨刘邦，常常称自己生病了不上朝。有一次，巨鹿守将陈豨造反，韩信事先与他达成默契，愿为内应。刘邦打算亲自前去征讨，韩信却推脱说自己生病了，不愿意跟随。但是，韩信暗地里聚集了一些亡命之徒打算偷袭吕后和太子。

不料事情败落，萧何献计给吕后，假称皇上已平定陈豨，让群臣皆来拜贺，骗韩信入朝。韩信一来便被武士捆绑，吕后命在长乐宫前将他斩首。这就是“成也萧何，败也萧何”的由来。

当一天和尚撞一天钟

释义

“当一天和尚撞一天钟”出自清朝李宝嘉的《文明小史》，意思是过一天算一天，凑合着混日子，比喻得过且过，不思进取，没有上进心。不过，这句谚语近来开始变成褒义，意思是无论做什么工作，都要像撞钟和尚一样尽职尽责，毫不懈怠。

故事

有一天，奕尚禅师从禅定中起来时，刚好传来阵阵悠扬的钟声，禅师特别专注地竖耳聆听，待钟声一停，马上召唤侍者，问道：“早晨敲钟的人是谁？”

侍者回答道：“是一个新来参学的沙弥。”

奕尚禅师让侍者将这沙弥叫来，问道：“你今天早晨是以什么样的心情在敲钟呢？”

沙弥不知禅师为什么这么问他，回答道：“没有什么特别心情！只是为打钟而打钟而已。”

奕尚禅师道：“不见得吧？你在打钟时，心里一定念着些什么？因为我今天听到的钟声，是非常高贵响亮的声音，那是正心诚意的人，才会发出这种声音。”

沙弥想了又想，然后说：“报告禅师！其实也没有刻意念着，只是我尚未出家参学时，家师时常告诫我，打钟的时候应该要想到钟即是佛，必须要虔诚、斋戒，敬钟如佛，用犹如入定的禅心和礼拜之心来司钟。”

奕尚禅师听了非常满意，再三提醒道：“往后处理事务时，不可以忘记，都要保有今天早上敲钟的禅心。”

这位沙弥从童年起，就养成恭谨的习惯，不但敲钟，做任何事，动任何念，一直记着奕尚禅师的开示，保持敲钟的禅心，终于成为一代大师，他就是后来的森田悟由禅师。这就是“当一天和尚撞一天钟”的由来。

当断不断，反受其乱

释义

“当断不断，反受其乱”出自《黄帝四经·兵容》，意思是办事犹豫不决，反遭受祸害牵累。

故事

春申君黄歇的门客中有一个赵国人叫李园，准备将自己的妹妹李环献给楚王，以此来投靠楚王。但考虑楚考烈王一直没有孩子，便安排离亭之会，让李环亲近春申君。李环能歌善舞，巧于辞令，长得又很漂亮，深得春申君喜欢。后来没过多久，李环就怀孕了。

有一天，怀有身孕的李环对春申君说：“您现在在楚国的地位无比尊贵。可是大王一直没有儿子，将来的王位只能传给他的兄弟，那样对您一定会非常不利。还好我已有了您的骨肉，别人还不知道。不如您把我进献给大王，如果上天保佑我生个男孩，那么将来楚国就是您的了。”春申君对李环的一番谎言竟信以为真，几天后将她献给了楚王。

李环入宫后果然得到考烈王的宠爱，并生下一个男孩，取名熊悍，被立为太子，李环也被立为王后。同时，李园也受到重用。

后来，楚王病重。他的门客朱英提醒春申君说：

“如今楚王病重，关于太子的事情，只有你和李园知道。如果楚王去世，李园一定会杀你灭口的。你还是早作打算吧！”但春申君此时已完全被李园兄妹所蒙蔽，根本不相信软弱的李园会谋杀自己。朱英见春申君执迷不悟，担心祸害殃及自己，第二天就离开了楚国。

十七天后，楚王去世。李园果然抢先入宫，在宫门内外设下了埋伏。当春申君进宫时，埋伏的死士四起，春申君身中数剑，倒在一片血泊之中。

司马迁写完《春申君列传》后，曾感慨地说：“当初，春申君从劝说秦昭王与楚国订立盟约到豁出生命帮助太子完归楚是何等的聪明！后来受制于李园，太糊涂了。俗话说，‘当断不断，反受其乱’。春申君失策在没有听朱英的话啊！”这就是“当断不断，反受其乱”的由来。

多行不义必自毙

释义

“多行不义必自毙”出自先秦时期左丘明的《左传·隐公元年》，意思是坏事干多了，结果是自己找死。

故事

春秋时期，郑国君王郑武公有两个儿子，一个叫“庄公”，一个叫“共叔段”。因为母亲生庄公的时候难产，所以母亲很不喜欢庄公，却非常喜欢小儿子共叔段。

郑武公死后，由他的大儿子郑庄公继位。可是，庄公的弟弟共叔段在母亲姜氏的支持下，竭力扩充自己的封地，积极进行夺取王位的准备工作。为此，他们步步为营，甚至让庄公把京城封为共叔段，大家都称他为“京城太叔”。

郑庄公的大臣祭仲知道后，极力地劝说庄公：“君王要及早安排啊，共叔段的势力已经很强了，再这样下去，您的王位都很危险啊！”

庄公听了，也很为难，但毕竟是自己的弟弟和母亲，所以也无可奈何。后来，祭仲数次劝说，庄公看他们母子二人也没有收手的意思，就说：“多行不义必自毙，你就等着吧！”

果然，共叔段的势力不断扩大，不但将郑国的西、北部边境招于自己门下，甚至还到了廪延。同时，他在不停地修筑城池、屯田积兵，并让其母亲姜氏里应外合，准备攻下郑都。

不过庄公早有防备，趁共叔段进军郑都时，出奇兵攻其窝穴，打败共叔段，最后逼迫共叔段自杀。这就是“多行不义必自毙”的由来。

好事不出门，恶事行千里

释义

“好事不出门，恶事行千里”出自宋朝释道原的《景德传灯录》，指好事不容易被人知道，坏事却传播得极快。

故事

唐朝末年，赵匡胤谋反，全家遭到株连，被满门抄斩。赵匡胤逃了出来，他的叔父也逃到湖广汉阳的左德禅寺内，当了长老和尚。赵匡胤听说叔父在左德禅寺，便来这里避难。左德禅寺非常偏僻，经常有江洋大盗出没。

有一天，赵匡胤从外面回来，刚进庙门，听到寺内雷祖殿附近有女子的啼哭声，他心想：“这庙门中怎么会有女子的啼哭声，一定是我叔父行为不轨。”

他循着哭声找去，来到一间屋子前。赵匡胤抽出宝剑，踢开门进去一看，叔父也被绳捆绑着。赵匡胤赶紧上前松绑，问叔父到底是什么原因。一问才知道是一伙江洋大盗抢来一女子，关在雷神殿旁的“雷神洞”内。赵匡胤非常生气，由叔父带路，来到“雷神洞”，用剑砍断门锁，进入洞内。那女子惊恐万分，赵匡胤一边给她松绑一边说明缘由。

女子感恩不尽，说自己姓赵名京娘，投亲途中不幸遇见贼人，被他们掠进庙内。赵匡胤对叔父说：“如果汪洋大盗再回来，就说赵某把人抢走了。”

赵匡胤答应护送京娘回家，一路上，京娘骑马，赵匡胤在前步行，两个人用一根金线相牵。京娘为了感激赵匡胤的救命之恩，与他结为兄妹。一路历尽风霜，赵匡胤终于将京娘送到家中。

家人团聚，分外欢喜，京娘家人盛情款待了赵匡胤。不过，等赵匡胤回到汉阳，听到的却是自己抢夺京娘的事。赵匡胤顿时觉得自己跳进黄河也洗不清了，便感叹道：“真是好事不出门，恶事传千里啊！更何况我做的还不是恶事呢？”这就是“好事不出门，恶事行千里”的由来。

刘姥姥进大观园

释义

“刘姥姥进大观园”出自《红楼梦》，比喻没有见过世面的人来到陌生新奇的花花世界，也可以用作自谦或者自嘲。

故事

在《红楼梦》第六回中，讲述了刘姥姥第一次进荣国府的故事。刘姥姥本是一个乡下老寡妇，因为女婿与贾府有点远亲关系，所以去荣国府求得一些救济。她去找周瑞家，第一次被带进了荣国府，见着了凤姐和老太太，吃了顿饭，还得了二十两银子就回去了。这二十两银子可是比她家一年的收入都还高呢！

为了表示感谢，刘姥姥第二次入大观园。她带了新收的蔬菜瓜果去看望老太太，还说："姑娘们天天山珍海味，也吃得腻了，吃些野菜儿，也算我们的穷心。"凤姐便留刘姥姥住一天，老太太也想和她聊聊就让她住下了。

第二天一早，凤姐就开始拿刘姥姥寻开心了，先是拿花插了她一头，然后大家开始游园，先去了潇湘馆，后在秋爽斋吃的早饭，期间鸳鸯和凤姐合计着让刘姥姥频频出丑，刘姥姥也有心讨好，惹众人哄笑不断，之后去了宝钗的蘅芜苑，出来后在缀锦阁看戏，行酒令，刘姥姥又惹众人大笑，后又去了栊翠庵。之后贾母去稻香村休息去了，刘姥姥迷路，醉卧在怡红院宝玉床上。

临走时，刘姥姥得了好多好处，拿了一百多两银子，米、衣服果子等东西回去了。这就是"刘姥姥进大观园"的由来。

老龟烹不烂，移祸于枯桑

释义

"老龟烹不烂，移祸于枯桑"出自南朝刘敬叔的《异苑》，比喻有罪过的人安然无事，嫁祸于无辜的人。

故事

三国时期，永康县有一个人进入山里，遇到一只大乌龟，就捉了它绑上带回来。乌龟对他说："我出游没有算好日子，这才被你捉住。"这个人觉得非常奇怪，打算将这只乌龟献给吴王。

夜里停泊在越里，那人把船拴在一棵大桑树上。半夜时，大桑树忽然呼唤乌龟说："辛苦了，元绪。你出了什么事情啊？"乌龟回答说："我被抓了，马上就要被煮了。即便这样，就算砍完整个南山的树木也不能煮烂我。"

大桑树回答说："诸葛元逊非常博识，一定会使你受苦的。如果他寻找我这样的树木当柴烧，你又怎么办呢？"龟曰："子明你别乱说话，不然祸害就会殃及你。"大桑树安静下来不再说话。

到了建业，那人将乌龟献给孙权。孙权让人煮了吃，烧了一万车柴都没有煮烂。诸葛元逊说："用老桑树当柴烧，就一定能煮烂乌龟。"于是，献乌龟的人将乌龟和大桑树之间的谈话告诉孙权，孙权即命令人砍伐桑树煮乌龟，乌龟立刻就煮烂了。这就是"老龟烹不烂，移祸于枯桑"的由来。

老马识途

释义

"老马识途"出自宋朝毛谤《寄曹使君》，意思是老马能认识走过的道路，比喻那些年纪大且富有经验的人。

故事

公元前663年，齐桓公应燕国的要求，出兵攻打入侵燕国的山戎孤竹国，相国管仲和大夫隰朋随同前往。大军出发时，正好是春天，到凯旋时已经是冬天，草木都变了样。大军在崇山峻岭的一个山谷里转来转去，最后迷了路，再也找不到归路。虽然派出好几批探子去探路，但仍然弄不清楚该从哪里走出山谷。在山谷停留的时间一长，军队的给养发生困难。情况非常危急，再不找到出路，大军就会被困死在这里。

管仲思索了好久，有了一个设想：既然狗离家很远也能寻回家去，那么军中的马尤其是老马，也会有认识路途的本领。于是，他对齐桓公说："大王，我认为老马有认路的本领，可以利用它在前面领路，带引大军出山谷。"

齐桓公同意试试看。管仲立即挑出几匹老马，解开缰绳，让它们在大军的最前面自由行走。令人奇怪的是，这些老马都毫不犹豫地朝一个方向行进。大军就紧跟着它们东走西走、最后终于走出山谷，找到了回齐国的大路。这就是"老马识途"的由来。

庆父不死，鲁难未已

释义

“庆父不死，鲁难未已”出自《左传·闵公元年》，意思是不杀掉庆父，鲁国的灾难不会停止。比喻如果不清除制造内乱的罪魁祸首，就得不到安宁。

故事

春秋时期，鲁庄公姬同有三个弟弟：庆父、叔牙、季友。其中庆父最为专横，他拉拢叔牙成为一派，一直想要争夺君位。这个人毫无道德，还与他的嫂子——鲁庄公姬同的夫人哀姜私通。

鲁庄公三十二年（前662），庄公生了病，因为夫人没有生子，便打算从“庶子”中选立继承人。庄公与三弟叔牙商量，叔牙是庆父一边的，所以主张立庆父；季友则主张立鲁庄公与其宠姬生的儿子公子般，并逼叔牙以死表明拥立公子般。当年八月，鲁庄公病死，公子般继位。

庆父非常不甘心，便与哀姜密谋，打算暗杀公子般。恰好有一个养马人，非常鲁莽，曾受过鲁庄公的责罚，因此怀恨在心。庆父就唆使他打死了公子般，立了哀姜妹妹叔姜的生子姬开为国君，史称鲁闵公。从此以后，庆父更加肆无忌惮，野心越来越大。

鲁闵公二年（前660），庆父又指使人杀了闵公，打算自己当国君。季友只好领着鲁庄公的另一个儿子申逃到邾国。到了邾国后，季友发文声讨庆父，要求国人杀庆父。两年之内死了两个国君，鲁国陷入巨大的混乱之中，国人对庆父也是深恶痛绝，因此纷纷响应。

看到这样的局势，庆父害怕了，逃亡到莒国，哀姜逃到邾国。于是，季友带着申回到鲁国，并在齐桓公的主持下，立申为国君，史称鲁僖公。为了避免庆父再次作乱，季友买通莒国，押回了庆父，庆父自知罪孽深重，在半途中自杀了。因为哀姜是齐公室之女，所以齐桓公也很生气，将哀姜召回，并杀害。

在鲁庄公死后的几年里，庆父连杀了两个国君，荒淫无耻，横行无忌，不但造成了极大的混乱，也给国人带来了极大的灾难。所以，齐国的仲孙湫到鲁国吊唁后，曾叹息地说："不去庆父，鲁难未已。"这就是"庆父不死，鲁难未已"的由来。

死马当活马医

释义

"死马当活马医"出自清代夏敬渠《野叟曝言》，意思是虽然已经知道是没有希望了的事，却还要做最后的努力，盼望奇迹出现。

故事

据说，晋朝有个大官叫窦固，他养了一匹可日行八百、非常俊俏的宝马。窦固非常钟爱这匹天下无敌的宝马，一天不见就如隔三秋。但好景不长，一天，宝马突然生病了，窦固遍求天下名医，都束手无策，宝马终于还是死了。窦固悲伤欲绝，便嘱咐门房说："我心里难过，谁来也不见。"

一个叫郭璞的人听说此事，就来到窦府，对门房说："我有办法能把宝马救活。"门房赶忙通报给窦固，窦固并不相信，但实在是思念宝马，就让其进来医治，心想：死马当活马医，让他试试吧！

于是，门房把郭璞请进来，按照上宾的待遇款待他。郭璞对窦固说："从这里去东门外三十里有座小山，那里树林密布，您派几个人去敲锣打鼓，撵出一个像猴样的动物，捉来给我。"

窦固将信将疑，也照办了。不多时，果然捉来一个活泼乱跳的东西，这个东西比猴子略大，目放金光，灵动异常。它一见死马，立刻扑上前去吸马的鼻孔。吸了一会儿，那死去的马竟然慢慢动了起来。又吸一会儿，马竟一跃而起，仰头鸣嘶，踢脚摆尾，与之前一样有活力。大家寻找那怪物时，早已不见了踪影。窦固想要谢谢郭璞，转头看时，他也不见了。这就是"死马当活马医"的由来。

死者复生，生者不愧

释义

“死者复生，生者不愧”出自《三国志》，意思是已经答应别人的事情，就算他死了，也一定要履行诺言，这样就算他又活过来了，我也问心无愧。

故事

春秋时期，赵国国君赵武灵王有两个儿子，大儿子公子章，性格强悍，体魄健壮；小儿子公子何，深得赵武灵王的喜爱。因此，赵武灵王决定将王位传给公子何，让肥义辅助他。封公子章为安阳君，派田不礼辅助他。

公子章比赵王何年长十岁，因为是长子，本来应该继承王位，现在却只被封为安阳君，心里很不服气。田不礼对赵武灵王的废长立幼的做法很愤慨，怂恿公子章造反，让他夺回本应属于自己的王位。

一次，大臣李兑对肥义说：“公子章强壮且傲慢，党羽众多，田不礼这个人也很残暴，两个人在一起，一定会有阴谋。如果小人有了欲望，只看见利益而不仔细谋划，不顾利害关系，灾难就会产生了。你作为丞相，位重权大，如果有祸害，一定先波及你。为什么不称病回家，避免祸害呢？”

肥义说：“以前赵武灵王嘱咐我好好辅助何，

说：‘不要改变你的方向，不要变异你的思虑，要一心一意辅助新王，直到死亡。’我既然接受了他的嘱咐，就要坚守诺言。俗话说：‘死者复生，生者不愧’，如果我因为害怕章和田不礼两个人的阴谋就退缩，这是不忠不义啊！”

李兑说：“好吧，你就遵守你的诺言吧，希望今年我还能见你活着。”说完，流着眼泪出去了。

后来，公子章和田不礼果然起兵叛乱，他们借着赵惠灵王的名义，企图欺骗赵王何前去，然后找到机会杀了他。肥义没有让赵王去，自己去了，结果就被杀害了。这就是“死者复生，生者不愧”的由来。

先下手为强

释义

“先下手为强”出自《隋书·元胄传》，意思是在对手没有准备好的时候首先动手，取得主动地位。

故事

元胄本来是北周宰相杨坚手下的一员将军。北周宗室赵王发现杨坚有篡位的异心，一直想除掉他。

有一次，赵王摆下了“鸿门宴”请杨坚喝酒，希望能找到机会除掉他。无奈元胄寸步不离守卫杨坚。赵王叱呵他，让他退下，他也不走。后来，赵王说：“我嗓子干得很，你到厨房给我倒点水来。”元胄知道赵王想要支开他，就是不去。

过了一会儿，元胄找到机会对杨坚耳语："事情有变化，赶快离开吧！"这时的杨坚还在梦里，根本意识不到问题所在。他懵懂地说："赵王连兵马都没有，能有什么作为呢？"

元胄说："兵马悉他家物，一先下手，大事便去。"意思是说：兵马都是赵王府里常备的物事，一旦他们先下手，那就一切都完了。终于说服杨坚逃出了虎口。因此，杨坚后来能夺权成为隋文帝，元胄功不可没。这就是"先下手为强"的由来。

有眼不识泰山

释义

"有眼不识泰山"，并无出处，是民间流传下来的。比喻自己的见识太少，有名望的人在自己眼前也认不出来，这是一种比较恭敬的说法。

故事

春秋时代，我国著名的木匠鲁班，曾招收一批徒弟。鲁班十分珍视自己的声誉，每隔一段时期，就会举办一次考试，从徒弟中淘汰个别"不成器"的人。

鲁班徒弟中有个叫泰山的年轻人，看上去不好不坏，技艺长进也不大，在一次考试中，得了最后一名。为了维护"班门"的声誉，鲁班毅然辞掉了泰山。

过了几年，有一次，鲁班率领徒弟们在集市上闲逛。忽然发现有一个货摊上，摆着许多做功讲究的竹制家具，技艺几乎达到炉火纯青的地步，顾客都争相抢购。爱才的鲁班很想结识一下这位竹器高手，便四处向人打听。人们告诉他，这些家具是鲁班大师的徒弟，大名鼎鼎的泰山制作的。

鲁班听后大吃一惊，想起当初自己辞掉泰山，深感惭愧，叹道："我真是有眼不识泰山啊！"

有理言自壮，负屈声必高

释义

"有理言自壮，负屈声必高"出自《警世通言》第十五卷，形容理直气壮的意思。

故事

《警世通言》中有这样一个故事：苏州昆山县有一个叫金满的人，读书不成，捐了个令史，在本县为吏，身边蓄得一婢名金杏，生得甚有姿色，金令史平日爱如己女。还有一个小厮名秀童，却是自小抚养在家，今已二十余岁，对金令史一片孝顺之心，甚为乖巧。

那金令史千方百计，钻营得管库房之职，不期十一月四日夜，金令史通宵值夜，不曾离库，亦不曾合眼，却失去四锭元宝。那金令史连声叫苦："失去二百两银子，却把什么来赔补？"于是，连忙寻找，把这间房翻个底儿朝天，也没见个影子。

得知库房失盗，知县责令十日内补库。金令史越想越恼闷，蓦然想到："这夜只有秀童拿递东西，进来几次，莫非是他偷了？"于是许了捕快二十两银子，请其拷问秀童。捕快一索子将秀童拖至城外冷铺里严刑拷打，吊、打、拶、夹就是不招，且叫天叫地哭将起来，说是："我自九岁蒙爷抚养成人，在家没半点差错，不想爷疑心到我头上，今日我只欠爷一死，更无话说。"说罢闷绝去了。

自古道："有理言自壮，负屈声必高。"众捕快将其唤醒送得回来，已是七损八伤，一丝两气，金令史心中亦觉惨然。

原来那银是门子胡美偷的。胡美父母双亡，跟着姐夫过活，喜欢赌钱、吃酒。这夜赌输了，没处设法，便狠下心来偷库房，见金令史坐着，几遍不好动手，恰值秀童进厨房取蜡烛，打翻了麻油，趁金令史进去看时，便趁机盗得四个元宝，夜夜使斧头敲得锭边使用。胡美间壁住着个姓陆的门子，夜夜听得他家打得一片响，从壁缝张看，只见他用斧头敲元宝。心知金令史银必是他偷了，跑来告知。金令史忙禀官搜捕，果然人赃皆获。

金令史因思屈了秀童，受此苦楚，没什么好处酬答他，乃收秀童为子，将金杏配他为妻，家业也由秀童承顶。正是，凡一要凭真实见，古今冤屈有谁知？这正是"有理言自壮，负屈声必高"的由来。

近朱者赤，近墨者黑

释义

“近朱者赤，近墨者黑”出自晋朝傅玄的《太子少傅箴》，意思是接近好人可以使人变好，接近坏人可以使人变坏。

故事

孟子小时候非常贪玩，模仿性很强。他的父亲早早去世了，母亲没有改嫁。一开始他家住在坟地附近，孟子就和小伙伴们常常玩筑坟墓或学别人哭拜的游戏。孟子的母亲认为这样不好，皱起眉头说：“不行！我不能让我的孩子住在这里。”

于是，孟母就带着孟子搬到了市集，他家邻居是一家杀猪宰羊的人家。结果孟子又和邻居小孩学起商人做生意和屠宰猪羊的事。孟母认为这个环境也不好，又皱皱眉头：“这个地方也不适合我的孩子居住！”

然后，他们又搬家了。这一次，孟母把把家搬到学堂旁边。每月夏历初一这个时候，官员到文庙，行礼跪拜，互相礼貌相待，孟子见了之后都学习记住。孟子的妈妈很满意地点着头说：“这才是我儿子应该住的地方呀！”于是居住在了这个地方。这就是“近朱者赤，近墨者黑”的由来。

初生牛犊不怕虎

释义

“初生牛犊不怕虎”出自《庄子·知北游》，比喻青年人思想上很少顾虑，敢作敢为；同时也比喻青年人做事缺少经验，不知道危险。

故事

东汉末年，刘备从曹操那里夺得了汉中，并在诸葛亮的辅助下，在汉中称王。为了扩大影响，刘备下令关羽北取襄阳，进兵樊城。关羽手下大将廖化、关平率军攻打襄阳，曹操命令大将曹仁领兵抵抗，结果曹军大败，退守到樊城。眼见樊城就要沦陷，曹操派大将于禁为征南将军，以勇将庞德为先锋，前往樊城救援。

庞德率领先锋部队来到樊城，让兵士抬着一口棺材，走在队伍的前面，表示誓与关羽决一死战。庞德虽然年轻，却指名要与关羽决战。关羽出战，两人大战一百余回合，还是不分胜负，天色渐暗，两军各自鸣金收兵。关羽回到营寨，对关平说：“庞德的刀法非常娴熟，不愧为曹营的勇将啊。”关平说：“俗话说：‘初生牛犊不怕虎’，我们不能对他轻视啊！”

思前想后，关羽觉得靠武力一时难以战胜庞德，必须想出一条计谋。当时正值秋雨连绵，汉水猛涨，关羽查看魏军营寨，发现他们驻扎在低洼之处，于是计上心来。关羽命令众人掘开汉水大堤，水淹于禁七军，最后俘虏了于禁、庞德。于禁投降，而庞德却立而不跪，不肯屈服。关羽劝他投降，他反而破口大骂。无奈，关羽只得惋惜地下令杀了庞德。这就是“初生牛犊不怕虎”的由来。

防民之口，甚于防川

释义

“防民之口，甚于防川”出自《国语·周语上》，意思是阻止人民进行批评的危害，比堵塞河川引起的水患还要严重。

故事

周朝建立以后，对百姓采取了残酷的统治，因此百姓纷纷起来反抗。周朝的统治者为了镇压百姓，采用十分严酷的刑罚。周厉王即位后变本加厉，老百姓们苦不堪言。

周厉王贪财好色，一名叫荣夷公的大臣，投其所好，唆使周厉王禁止老百姓上山砍柴打猎、下河捕鱼，垄断山林川泽的一切收益。周厉王一听，果然是好主意，立刻同意了。

百姓被断了生路，怨声载道，大臣召穆公听到国人的议论越来越多，就进宫告诉厉王说：“荣夷公的这种做法，让百姓忍受不了啦！大家都议论纷纷，再不改变一下，百姓就要暴动了，出了乱子就不好收拾了。”

周厉王不以为然地说：“这点小事情，我自有办法对付。”于是，他下令禁止国人批评朝政，还从卫国找来一个巫师，要他专门刺探批评朝政的人。巫师派了一批人到处察听，这些人经常借机敲诈勒索，谁要不听，就诬告谋反。周厉王听信了巫师的报告，杀害了不少无辜的平民百姓。

在这样的压力下，老百姓果然不敢在公开场合里议论国事了。就算在路上碰到熟人，大家也不敢交谈招呼，只交换了一个眼色，就匆匆离开。周厉王自以为方法得当，十分满意。

有一次，召穆公去见周厉王，周厉王高兴地对他说：“现在老百姓都同意我的做法，没有一个人反对了呢。”

召穆公叹了一口气说：“这样强行封住老百姓的嘴，如同堵住河流一样危险啊！治水要疏通河道，让水流到大海；治民要引导百姓说话，采纳其中的好建议。硬堵住人的嘴，是要闯大祸的呀！”

周厉王听了不以为然，暴政反而越来越厉害。过了三年，国人忍无可忍，举行了一次大规模的暴动。周厉王听到风声，慌忙带了一批人逃命，一直逃过黄河才停下来。就是因为周厉王不听召穆公的规劝，才落得个被流放的命运啊。“防民之口，甚于防川”就是从这个故事中概括而来的。

各人自扫门前雪，休管他人瓦上霜

释义

“各人自扫门前雪，休管他人瓦上霜”出自宋朝陈元靓《事林广记·警世格言》，意思是每个人扫自己门前的雪，不要管别人家房上的霜，比喻不要多管闲事。

故事

郑板桥在担任山东潍县县令期间，曾将当地一个横行霸道的纨绔子弟给抓了起来。这个恶棍的伯父和舅舅与郑板桥有一定的交情，知道后便携带酒菜、礼品前来县衙说情。这两个人的来头都不小：一个是还乡员外郎，一个是郑板桥的同科进士。郑板桥一见他们两人前来，心里就明白几分。

于是，郑板桥便邀请他们喝酒行令，郑板桥抽了一个《湘》字，他说：“有水念作湘，无水也念相，去水添雨便是霜。劝君自扫门前雪，莫管他人瓦上霜。”吟完郑板桥便对员外郎说：“下面板桥恭听老员外的大作。”

员外郎也不推辞，拿起《馆》吟道：“有人念作馆，无人念作官，去人添竹念作管。为官事事当多管，多管事情为好官。”

轮到进士吟诗了。只见他斯斯文文，指着《清》字长腔行吟：“有水念作清，无水也念青，去水添心便是情。”员外郎一听，感到正中下怀，接过话来说：“我本有心来讲情，大人头遭说步（不）行，送礼实为门生事，就盼大人开开情。”

郑板桥也不说别的话，用手蘸了酒在桌子上写了个大“清”字，响亮地说：“清若换心方讲情，此处自古当讲清！同窗数载结友情，为官不能乱同情，板桥身为七品官，不为升官只为清！”

员外郎和进士只得起身告辞。这就是“各人自扫门前雪，休管他人瓦上霜”的由来。

拒人于千里之外

释义

“拒人于千里之外”出自《孟子·告子下》，意思是把人挡在千里之外，形容态度傲慢，拒绝别人，毫无商量余地。

故事

战国时期，鲁国国君鲁平公打算任用孟子的弟子乐正子主持国政。消息传来，孟子喜形于色，高兴得睡不着觉。公孙丑问他说：“乐正子的能力很强吗？”

孟子回答说：“不是很强。”

公孙丑又问：“他考虑问题很周全吗？”

孟子回答：“不周全。”

公孙丑接着问：“他博学广闻吗？”

孟子回答：“不见得。”

公孙丑问：“那您为什么高兴得睡不着觉呢？”

孟子回答说：“他为人喜欢听取善言。”

公孙丑问：“喜欢听取善言就够了吗？”

孟子说：“喜欢听取善言足以治理天下，何况治理鲁国呢？假如喜欢听取善言，四面八方的人从千里之外都会赶来把善言告诉他；假如不喜欢听取善言，那别人就会模仿他说：‘呵呵，我都已经知道了！’呵呵的声音和脸色就会把别人拒绝于千里之外。士人在千里之外停止不来，那些进谗言的阿谀奉承之人就会来到。与那些进谗言的阿谀奉承之人住在一起，要想治理好国家，办得到吗？”这就是“拒人于千里之外”的由来。

君子之交淡如水

释义

“君子之交淡如水”出自《庄子·山木》，意思是真正的朋友之间的交情，平淡如水，不尚虚华。

故事

唐贞观年间，薛仁贵尚未得志之前，与妻子住在一个破窑洞中，衣食无着落，全靠王茂生夫妇的接济。后来，薛仁贵参军，在跟随唐太宗李世民御驾东征时，因薛仁贵平辽功劳特别大，被封为“平辽王”。

一登龙门，身价百倍，前来王府送礼祝贺的文武大臣络绎不绝，可是都被薛仁贵婉言谢绝了。他唯一收下的是普通老百姓王茂生送来的“美酒两坛”。

一打开酒坛，负责启封的执事官吓得面如土色，因为坛中装的不是美酒而是清水！“启禀王爷，此人如此大胆戏弄王爷，请王爷重重地惩罚他！”

岂料薛仁贵听了，不但没有生气，而且命令执事官取来大碗，当众饮下三大碗王茂生送来的清水。在场的文武百官不解其意，薛仁贵喝完三大碗清水之后说：“我过去落难时，全靠王兄弟夫妇经常资助，没有他们就没有我今天的荣华富贵。如今我美酒不沾，厚礼不收，却偏偏要收下王兄弟送来的清水，因为我知道王兄弟贫寒，送清水也是王兄的一番美意，这就叫君子之交淡如水。”

此后，薛仁贵与王茂生一家关系甚密，“君子之交淡如水”的佳话也就流传了下来。

快刀斩乱麻

释义

“快刀斩乱麻”出自《北齐书·文宣帝纪》，意思是办事果断，爽快地解决纷繁复杂的问题。

故事

南北朝时期，东魏孝静帝的丞相叫高欢，他一共有六个儿子。有一天，为了考查一下哪个儿子最聪明，就把六个儿子都叫到跟前。他对他们说："我这里有一大堆乱麻，现在发给你们每人一把，你们自己拿去整理，看谁理得最快最好。"

比赛开始了，孩子们手忙脚乱、十分紧张。常规的方法是把乱麻一根根抽出来，然后再一根根理齐。这种方法速度很慢，再加上父亲给他们的乱麻很多地方都打结了，抽这根，那根也带出来了，结果越理越乱。有的孩子一着急，还把麻结成了疙瘩。孩子们一个个都急得满头大汗。

二儿子高洋与众不同，他接过麻后，找来一把快刀，把那些相互缠绕的乱麻狠狠地几刀斩断，然后再加以整理，这样很快就理好了。高欢见了，很是惊奇，就问："你怎么想到用这个办法？"高洋答道："乱者须斩！"高欢听了十分高兴，认为这孩子的思路开阔，性情果断，将来必定大有作为。

后来，高洋果然夺取了东魏皇帝的王位，建立了北齐政权，成了北齐文宣皇帝。这就是"快刀斩乱麻"的由来。

忠言逆耳利于行，良药苦口利于病

释义

“忠言逆耳利于行，良药苦口利于病”出自《孔子家语·六本》，现在经常用来形容应该正确对待别人的意见和批评。

故事

公元前207年，刘邦带兵进入咸阳，入驻秦宫。刘邦发现那里的宫室、帐幕、狗马、贵重的宝物、美女数以千计，让他惊喜不已。于是，刘邦就想留下住在宫里。

樊哙发现了刘邦的意图，劝谏沛公出去居住，刘邦不听。

张良听说了这件事，急忙赶来对刘邦说：“秦朝正是因为暴虐无道，所以沛公才能够来到这里。替天下铲除凶残的暴政，应该以清廉朴素为本。现在刚刚攻入秦都，就要安享其乐，这正是人们说的‘助桀为虐’。况且‘忠言逆耳利于行，良药苦口利于病’，希望沛公能够听进樊哙的意见。”

刘邦这才回车驻在霸上。这就是“忠言逆耳利于行，良药苦口利于病”的由来。

求人不如求己

释义

“求人不如求己”出自《论语·卫灵公》，意思是指央求依靠别人，不如自己努力奋斗得来成功。

故事

一天，庙里来了个面色忧郁的年轻人。他进庙之后，什么也不看，一直走到观音菩萨像前跪了下来。他告诉观音，他遭遇的不顺，工作、生活上遇到困难得不到解决，百般无奈这才来这里求菩萨。

这时，年轻人身边来了一位慈眉善目的人。年轻人觉得他的面目有几分熟悉，仔细看看才发现他与那供台上的观音菩萨长得一模一样。奇怪的是，这人居然也跪在蒲团上对着观音像不停地叩头。

年轻人心下奇怪，忍不住开口问：“您……是观音菩萨吗？那人点点头。

“您为什么要拜自己？”菩萨对他笑了笑：“求人不如求己。”这就是“求人不如求己”的由来。

身在曹营心在汉

释义

“身在曹营心在汉”出自《三国演义》，意思本来是坚持节操，忠贞不贰，后来逐步又引申为在这里工作，心却想念别处，属于贬义。现在多用来比喻用心不一。

故事

东汉末年，曹操挟天子以令诸侯，大肆铲除异己。此时，刘备刚到徐州，根基未稳，于是曹操打算先将刘备除掉。曹操将刘备围困在徐州，双方力量悬殊，刘备很快溃败，打算投奔袁绍而去。在混乱中，刘备与张飞、关羽失散。

后来，为了照顾两位嫂嫂，关羽不得已降了曹操。曹操非常欣赏关羽的武艺和人品，因此想方设法要留他为自己效力。为此，曹操三日一小宴，五日一大宴，封侯赐爵，还赠送了很多绫罗绸缎、美女给关羽。关羽看也不看，都交给两位嫂子处理。

虽说关羽投降了曹操，但他与曹操订立了著名的“土山三约”：其一，降汉不降曹；其二，赡养刘备两个夫人；其三，一旦知道刘备消息，无论千里万里赴汤蹈火也要投奔兄长。曹操珍惜关羽的才能，答应了这个苛刻的条件。

有一次，曹操送给关羽一匹赤兔马，关羽非常高兴。曹操觉得奇怪，以前送给关羽那么多东西，他连看也不看一眼，为什么一匹马就如此高兴？关羽回答说：“这匹马能日行千里，有了它，我就能在得知兄长的消息后，快速地赶过去与他相见了。”

后来，关羽得知刘备在袁绍那里，连夜给曹操写了一封辞别信，带着两位嫂子向河北寻找刘备去了。后来，关羽斩颜良、诛文丑，解白马之围报答曹操不杀之恩。这就是“身在曹营心在汉”的由来。

物以类聚，人以群分

释义

“物以类聚，人以群分”出自《战国策·齐策三》，比喻同类的东西常聚在一起，志同道合的人相聚成群，反之就分开。

故事

战国时期，齐国有一位著名的学者名叫淳于髡。他博学多才，能言善辩，被任命为齐国的大夫。齐宣王喜欢招贤纳士，于是让淳于髡举荐人才。淳于髡一天之内接连向齐宣王推荐了七位贤能之士。

齐宣王很惊讶，就问淳于髡说：“寡人听说，人才是很难得的，如果一千年之内能找到一位贤人，那贤人就好像多得像肩并肩站着一样；如果一百年能出现一个圣人，那圣人就像脚跟挨着脚跟来到一样。现在，你一天之内就推荐了七个贤士，那贤士是不是太多了？”

淳于髡回答说：“不能这样说。要知道，同类的鸟儿总是聚在一起飞翔，同类的野兽总是聚在一起行动。人们要寻找柴胡、桔梗这类药材，如果到水泽洼地去找，恐怕永远也找不到；要是到梁文山的背面去找，那就可以成车地找到，这是因为天下同类的事物，总是要相聚在一起的。我淳于髡大概也算一个贤士，所以让我举荐贤士，就如同在黄河里取水，在燧石中取火一样容易。我还要给您再推荐一些贤士，何止这七个！”这就是“物以类聚，人以群分”的由来。

县官不如现管

释义

“县官不如现管”是一句民间俗语，没有相关出处，意思是虽然县官有权，但不如现场说话有权力的人起作用。

故事

很久以前，有一天，县衙门口贴出告示，说三月将进行乡试，金秋将进行大考。消息一出，文人墨客个个摩拳擦掌，想试试自己的运气。

这时，恰巧县太爷病了，只好把这个美差委托给心腹县主簿单淦。单淦得了这个发财的美差，笑得都闭不了嘴。紧锣密鼓地准备了一下，单淦第二天就开始“招贤纳士”了。

那些前来报名的应试者，有的是初生牛犊，不知天高地厚，一心想凭自己的才学独占鳌头；有的破囊捐银，忙着给主簿送钱送礼。时光飞逝，不觉期限已近，单淦看着堆得小山似的财物礼品，喜在心头。

临到最后一天报名，正要关门时，一个衙役报告说来了一个后生，要来应试。单淦自然十分高兴，心想，又送来一个财神，赶忙命人去请进来。只见那人身穿绸缎，昂首挺胸，一看就是豪门子弟。单淦见状，喜笑颜开，亲自接待。不料，那人却是一“铁公鸡”，半天也未见献上半两银子。单淦看这人如此不通情理，不由脸色一沉，合上花名册，再也不搭理了。

那人也不示弱，问道：“老爷，今天为什么不报名了？”单淦冷笑一声，说：“你也不看看这是什么地方？进庙不烧香！时限过了！”那人说：“我是……”单淦一下子火冒三丈，吼道：“滚！枉读诗书不知礼，哪配应试？”说罢，转身就走。

原来那个人是县太爷的小舅子，他冲到县太爷家，号啕大哭。县太爷感到十分惊讶，问明情况后，无奈地说：“真是县官不如现管呀！”这就是“县官不如现管”的由来。

坐山观虎斗

释义

“坐山观虎斗”出自《战国策·秦第二》，意思是坐在山上看老虎相斗，比喻对双方的斗争采取旁观的态度，等到两败俱伤时，再从中取利。

故事

有一年，韩国与魏国打仗。这两个国家打了很长时间，都不分胜负。后来，秦惠王打算派兵援助，于是，召开会议，想听听大臣们的意见。

一个名叫陈轸的大臣说："从前有个叫卞庄子的人，看见两只老虎，就想举剑刺杀它们。旁边的人劝他说：'你不必着忙，你看两只老虎现在正在吃牛，如果你干扰了它们，它们肯定会联合起来对付你。一会儿等老虎把牛吃光了，它们必然会争夺，由争夺而引起搏斗，结果肯定是大虎受伤，小虎死亡。到那时候，你再将那只受伤的大虎刺杀，岂不是一举得到两只老虎吗？'"

"哦！"秦惠王恍然大悟，说："你的意思是说，先让韩国和魏国打一阵子，等着一个大败、一个受损时，我再出兵讨伐，就可以一次打败他们两个国家，就和那卞庄子刺虎一样，对吧？"

陈轸点点头，说："正是这样！"秦惠王采纳陈轸的意见，最终获得了胜利。这就是"坐山观虎斗"的由来。

饱汉不知饿汉饥

释义

"饱汉不知饿汉饥"这句谚语出自清朝李宝嘉的

《官场现形记》，意思是吃饱的人，不了解饿肚子的人的困难，比喻大家所处的环境不一样，自然体会也就不一样。

故事

在刘伯温的《郁离子》中的《石羊先生》中，有一个故事和“饱汉不知饿汉饥”的意思一样。原文是：庄子之齐，见饿人而哀之，饿者从而求食。庄子曰：“吾已不食七日矣！”饿者曰：“吾见过我者多矣，莫我哀也，哀我者惟夫子。向使夫子不不食，其能哀我乎？”

翻译过来就是：庄子到齐国去，看见乞丐便对他表示同情。乞丐跟着他并乞讨食物，庄子说：“我已经七天没吃食物了啊！”乞丐叹息道：“我看从我这里经过的人有很多，却没有同情我的。同情我的只有先生您了，如果先生不是没吃饭（或者说，假使先生吃饱了饭），还会同情我吗？”“饱汉不知饿汉饥”就是从这个故事延伸出来的。

使心用心，反害自身

释义

“使心用心，反害自身”出自《醒世恒言》，意思是凡是有坏心，用卑鄙手段残害别人的人，到头来反而害了自己。

故事

从前，有一个叫韦德的人，从小跟随父母在浙江一代做生意，娶了单氏为妻子，两人感情很深厚。这年，韦德的父亲去世了，他思念故乡，便和妻子商量，变卖家产，雇了一只船，带着父亲的灵柩，回家乡去。

船家叫作张稍，是一个坏心眼的人，他见韦德有那么多钱，还有一个美丽的妻子，便起了歹心。

这大，船行到了江郎山下，张稍推辞说没有柴了，硬要韦德和他一起上山砍柴。等到了深山之处，张稍趁韦德低头捡柴的时候，一斧头砍到韦德左肩上，顿时血流如泉涌。张稍担心韦德不死，又慌忙砍了一刀，便赶紧跑了。

张稍飞奔回船，对单氏说："没造化啊，你的丈夫被老虎衔去了。幸亏我跑得快，不然也活不了了。"

单氏一边哭，一边想："只听说老虎晚上出来伤人的，哪有白天也出来的？况且两个人一起去的，怎么他就没有一点受伤？"便对张稍说："我和他夫妻一场，如今他被老虎吃了，至少还得留下点骨头。麻烦你带我去捡回来安葬，也表示夫妻之情。"

然后，单氏逼迫张稍引路，再一次进山去。为了不让单氏看见韦德的尸体，张稍故意带着她走了一个相反的方向。没走多久，天渐渐黑了。突然，跳出来一只白额老虎，一口衔住张稍，就跑到林子里去了。

单氏吓得好一阵才醒过来，一步步哭着回到船上。快到时，听见一个人喊道："娘子，你怎么在这里？"

回来一看，韦德满身血污，正一步一步踉跄走来。原来，第二斧子，张稍砍中旁边的大树，韦德假装死了。等张稍走了，韦德这才扯破衣服包裹了一下伤口，慢慢地走下山来。

单氏将张稍被老虎叼去的事情，告诉了韦德，二人唏嘘不已。当下回到船中，重新雇了一个船夫，回泉州去了。这就是"使心用心，反害自身"的由来。

卧榻之旁，岂容他人鼾睡

释义

"卧榻之旁，岂容他人鼾睡"出自《类说》，经常比喻自己的势力范围或利益不容别人侵占。

故事

10世纪，大宋开国皇帝宋太祖赵匡胤发动"陈桥兵变"，夺取了后周周世宗柴荣的政权。不过，赵匡胤并不愿意称帝。于是，他的部下给他"黄袍加身"，非拥护他做皇帝不可。最后被逼得没有办法，赵匡胤勉强当了皇帝。

称帝之后，赵匡胤出兵势如破竹，取得了军事上的节节胜利，目标便是一统天下。公元961年，赵匡胤以"杯酒释兵权"的方式，解除了几个重要将领的兵权。然后，组织兵力，采取先南后北战略，打算平定南方。

南唐后主李煜听说了，非常害怕。再说，南唐一直安分，从来没有做过违背赵匡胤的事情，赵匡胤出兵讨伐，实在有点师出无名。于是，李煜就派专人去向赵匡胤叩头说，他李煜无罪，南唐无罪，天下一家，“乞缓兵以全一邦之命”。

赵匡胤听了回答说：“不要多说了，江南亦有何罪，但天下一家，卧榻之侧，岂容他人鼾睡乎？”

后来，宋军攻陷金陵（南京），李煜被俘，南唐亡。这就是“卧榻之旁，岂容他人鼾睡”的由来。

城门失火，殃及池鱼

释义

“城门失火，殃及池鱼”出自北齐杜弼的《檄梁文》，意思是没有直接联系的事物之间，也可能存在着某种间接的联系，如果一方出现了问题，另一方也可能遭受祸害。

故事

从前，城门下面一般都会有河流，里面会有很多鱼。有一天，一个城门着了火，一条鱼儿看见了大叫说：“不好了，城门着火了，大家快跑吧！”但是其他鱼儿都不在意，认为城门失火，怎么可能波及池塘？根本就用不着大惊小怪。结果，除了那条鱼儿逃走了之外，其他鱼都没有逃走。这时，人们拿着装水的东西来池塘取水救火。过了一会儿，火被扑灭了，而池塘的水也被取干了，没有游走的鱼都遭了殃。

上面当然只是一个寓言故事，据说这句谚语的来源是这样的。话说北魏孝文帝时，一户姓池的人家，已经传了四十九代了。第四十九代的子孙叫池仲鱼，被封为城门侯。在他担任职责时，城里失火，皇上责怪池仲鱼护城不力，就把他革职，还诛其九族。这也是为什么池姓虽然起源历史久远，但是至今人口不怎么多的原因。久而久之，人们便将池仲鱼家族无故遭受株连之事，说成了“城门失火，殃及池鱼”。

狗咬吕洞宾，不识好人心

释义

“狗咬吕洞宾，不识好人心”出自清朝曹雪芹的《红楼梦》，意思是做了好事，却被人误解的郁闷之情。

故事

吕洞宾成仙得道之前，原本是一个读书人。他有一个叫苟杳的同乡好友。苟杳自幼父母双亡，家境贫寒，但为人忠厚，读书勤奋，吕洞宾与他结为兄弟，还邀请他到自己家中居住。

有一天，吕洞宾家来了一位姓林的客人，他见苟杳一表人才，读书用功，就想把自己的妹妹许给他，便对吕洞宾说了自己的想法。吕洞宾担心苟杳会贪恋床笫之欢而耽误了锦绣前程，就谢绝了朋友的好意。没想到，苟杳本人听说林家小姐貌美，很动心。

吕洞宾思索良久同意了，他对苟杳说："贤弟既然主意已定，我也不阻拦，不过我有一个条件，成亲之后，我要先陪新娘子睡三晚。"苟杳听了大吃一惊，思前想后，还是咬咬牙同意了。

成亲这天，吕洞宾喜气洋洋，跑前跑后张罗一切。到了晚上，送走了宾客，吕洞宾进了洞房，也不说话，只管坐在灯下埋头读书。林小姐见新郎如此用功，很是欢喜。没想到等到半夜，丈夫还是不上床，只好自己和衣睡下了。早上醒来，丈夫早已不见。一连三夜都是这样，林小姐不免伤心难过。

第四天，苟杳进入洞房，看见娘子正伤心落泪，连忙上前安慰。林小姐低头哭着说："郎君为何一连三夜都不上床同眠，只顾对灯读书，天黑而来，天明而去？"这一问，问得苟杳目瞪口呆。新娘子抬头一看，更是惊诧不已：丈夫怎么换了个人？好半天，夫妻俩才明白个中缘由。苟杳大笑道："原来哥哥怕我贪欢，忘了读书，用此法来激励我啊！"

几年后，苟杳果然金榜题名，做了大官。夫妻俩与吕洞宾一家洒泪而别，赴任而去。一晃八年过去了。吕家不幸失火，家里的所有财产都化为灰烬。吕洞宾和妻小只好在残砖破瓦搭就的茅屋里寄身。后来，为了生计，吕洞宾只好去找苟杳帮忙。

一路上历尽千辛万苦，吕洞宾终于找上了苟杳府。苟杳听后非常同情，热情地接待了他，可就是不提帮忙的事。吕洞宾一连住了几天，一点银子也没拿到，一气之下，他不辞而别。

回到家乡，吕洞宾远远发现，自己家的破茅屋换成了新瓦房。再走近家门，更是惊讶得说不出话来：大门两旁竟贴了白纸。难道家里死了人？吕洞宾慌忙进屋，只见院子里停着一口棺材，妻子披麻戴孝，正在号啕大哭。吕洞宾愣了半天，轻轻叫一声："娘子。"娘子回头一看，惊恐万状，以为是鬼。经过吕洞宾的再三解释，娘子才信以为真。

原来，吕洞宾离家不久，就有人来帮忙盖房子，盖完房子就走了。前天中午，又有一帮人抬来一口棺材，说吕洞宾在苟杳家病死了。妻子一听，哭得死去活来。今天正哭着，不想吕洞宾竟回来了。

吕洞宾心下明白，他操起一把利斧，把棺材劈开了，只见里面全是金银财宝，还有一封信。吕洞宾打开信读道："苟杳不是负心郎，路送金银家盖房。你让我妻守空房，我让你妻哭断肠。"吕洞宾这才如梦初醒，苦笑一声："贤弟，你这帮忙，帮得我好苦啊！"

从此，吕荀两家倍加亲热，“荀杳吕洞宾，不识好人心”，传来传去竟成了“狗咬吕洞宾，不识好人心”。

挂羊头卖狗肉

释义

“挂羊头卖狗肉”出自《晏子春秋·内篇·杂下第六》，意思是以好的名义做幌子，实际上以假乱真、欺骗别人。

故事

春秋齐灵公时期，齐国女人流行穿男人的衣服，打扮成男人的样子，给国家的运作带来了许多麻烦。由于男女不辨，还有失风化。于是齐灵公下了一道圣旨：凡是被发现穿男装的女人，一律剥光衣服示众，还要惩罚她家里的男人。

齐灵公认为，这么严重的处罚，应该能够杜绝这件事情。没想到，每当官兵上街巡逻，那些女人顶多是惊叫着跑开，女人穿男装的现象丝毫没有得到改变。为此齐灵公十分烦恼。

有一次，齐灵公见到了晏婴，就咨询他，为什么会这样？晏婴说：“大王您让宫里的女人都穿男人的衣服，就好比挂着羊头，卖的却是狗肉一样，怎么能让人信服呢？”

齐灵公听了恍然大悟，首先在宫中禁止女人穿男人的衣服，最后齐国京城的大街上终于不再有女人穿着男装到处乱晃。原来这种流行的源头在齐国的后宫。上至皇后、齐灵公的宠妃，下至嬷嬷宫女，都喜欢这样。难怪百姓要效仿，并公然违抗齐灵公的圣旨——你自己带的头，有资格反对吗？这就是“挂羊头卖狗肉”的由来。

画鬼容易画人难

释义

“画鬼容易画人难”出自战国时期韩非的《韩非子·外储说左上》，比喻凭空瞎说很容易，但是要想有真才实学需要下一番功夫才能获得。

故事

传说在战国时期，齐王想找一个人替自己画一张像，先后找了很多画工，但是他们画的画都不能让齐王感到满意。

后来，在别人的推荐下，齐王找到了齐国最有名的画工画像。但这位画工却说他画不好人，只会画别人没有见过的鬼怪。齐王觉得很奇怪，就问他为什么？

画工回答说：“因为每个人都对自己和他周围的人很熟悉，所以很难按照人们的要求画出某个人。其他如狗、马也是一样的道理。而鬼怪谁也没有见过，谁也不知道他们究竟是什么样子的，所以怎么画都可以。”

齐王于是就让他画了一张鬼怪。画工只寥寥几笔，一会儿工夫就画出一个面目狰狞的鬼相。齐王看了，感叹道：“真的是画鬼容易画人难啊！”这就是“画鬼容易画人难”的由来。

既来之，则安之

释义

“既来之，则安之”出自先秦孟轲的《论语·季氏》，原义指既然把他们招抚来，就要把他们安顿下来。后来指既然来了，就要在这里安下心来待下去之意。

故事

季氏将要讨伐颛臾。冉有、子路去见孔子，说：“季氏快要攻打颛臾了。”孔子说：“冉求，这不就是你的过错吗？颛臾从前是周天子让它主持东蒙的祭祀的，而且已经在鲁国的疆域之内，是国家的臣属啊，为什么要讨伐它呢？”冉有说：“季孙大夫想去攻打，我们两个人都不愿意。”

孔子说：“冉求，周任有句话说：‘尽自己的力量去负担你的职务，实在做不好就辞职。’有了危险不去扶助，跌倒了不去搀扶，那还用辅助的人干什么呢？而且你说的话错了。老虎、犀牛从笼子里跑出来，龟甲、玉器在匣子里毁坏了，这是谁的过错呢？”

冉有说：“颛臾城墙坚固，而且离费邑很近。现在不把它夺取过来，将来一定会成为子孙的忧患。”

孔子说：“冉求，君子痛恨那种不肯实说自己想要那样做而又一定要找出理由来为之辩解的做法。我听说，对于诸侯和大夫，不怕贫穷，而怕财富不均；不怕人口少，而怕不安定。由于财富平均了，也就没有所谓贫穷；大家和睦，就不会感到人少；大家安定了，也就没有倾覆的危险了。因为这样，所以如果远方的人还不归服，就用仁、义、礼、乐招徕他们；已经来了，就让他们安心住下去。现在，仲由和冉求你们两个人辅助季氏，远方的人不归服，而不能招徕他们；国内民心离散，你们不能保全，反而策划在国内使用武力。我只怕季康的忧患不在颛臾，而是在自己的内部呢！”“既来之，则安之”就是从这个故事中概括而来的。

姜太公在此，诸神退位

释义

“姜太公在此，诸神退位”出自《史记》，意思是只要姜太公来了，各路神仙都要给他让位。

故事

在豫北一带，凡是盖上新房上梁的时候，都要用大红纸书写上一幅“姜太公在此，诸神退位”的条款，贴在花檩上。为什么会有这样一个习俗呢？这里面有这样一个故事。

传说西周初期，姜太公故里姜塬东面有个宋家庄。庄主宋异人家中非常富有，有一年，宋异人打算盖座新房。于是，他选了一块风水宝地，选了个良辰吉日就开始建造房子。可是，一连盖了几次都没有盖起来。因此，每次快盖好房子的时候，都被一场大火给烧得干干净净。宋异人非常奇怪，却又毫无办法。

不久，姜太公从齐国回乡探望亲人。这天，他闲着无事，便四处走走。发现一个老人正守着一摊被火烧了的房子唉声叹气，就问他到底怎么回事？

此人正是宋异人。他把盖房屡遭不幸的事一五一十地告诉了姜太公。姜太公听了，立刻明白了，他微微一笑，说道：“原来是这样。老人家，你不必忧虑，后天便是黄道吉日，紫微星降临，你尽管动工盖房就是了。”姜太公还关照他在上梁的隔夜多做些糕团。

两天过去了，上梁的时候到了，姜太公来到新房里，立于花檩旁边，口中念念有词，说道：“四方鬼神，洗耳听着，太公在此，各归其所。”姜太公叫瓦木匠将糕团搬到屋面上向下抛，四面八方的村民见到抛糕团便纷纷前来争抢，一时间好不热闹。

事后，主人家问姜太公，为啥要这样？姜太公说：“抛梁时来抢糕团的人多，这些人各种生肖都有，十二生肖凑满，火神菩萨就不敢来烧了。”果然，房子盖起后一直没被火烧。

后来，这件事传开了，凡盖新房的人家，都效仿宋异人的办法，上梁时为讨个吉利，就写幅“上梁正遇黄道日，立柱巧逢紫微星”的对联，在花檩上写上“姜太公在此，诸神退位”的条款。这个习俗沿袭了三千多年，直到如今大多数人家盖房时仍沿用这一风俗。这就是“姜太公在此，诸神退位”的由来。

明知山有虎偏向虎山行

释义

“明知山有虎偏向虎山行”出自清朝纪昀的《阅微草堂笔记》，意思是明知有危险，却还是冒险而行、不畏艰险。

故事

《水浒传》中记载了这样一个故事：武松在离景阳冈不远的酒店里，喝下了十八碗酒，倒提着哨棒，脚步不稳地正想向景阳冈走去。店家追出来喊道：“走不得！走不得！最近冈上有只老虎，已经伤害了二三十条人命。”武松听了，笑了笑说：“你休来吓我，便真个有，我也不怕！”

武松乘着酒兴，大步走到景阳冈下，看见一棵大树，刮去了一块树皮，上面写着两行字："最近景阳冈出现了老虎，凡是来往行人，最好在中午时分成群结队过冈。"武松看了，笑着说："这准是酒店老板吓人的玩意儿，好让人们到他酒店住宿。我怕什么！"于是，对告示置之不理，依旧拖着哨棒走上山冈。

走不到半里路，看见一座破庙，庙门上贴着一张县衙门的布告。武松看了这才相信有老虎，他本想转身回去，但犹豫了一会儿，还是自言自语："怕什么！既然来了，倒要上去看看。"这时候正是初冬，昼短夜长，天很快就黑了。武松一路上并没有发现什么，又喃喃自语："明明是人们自己害怕，不敢上山，哪里有什么老虎！"

武松走了一阵，觉得酒力发作，浑身燥热，便一手把胸前的衣服敞开，直朝乱树林子走去。他看见一块十分光滑的大青石，便索性把哨棒放在一旁，正想要躺下入睡，忽然刮起了一阵狂风，接着"扑"的一声，从乱石丛林后面跳出一只吊睛白额的猛虎。武松不由"哎呀"一声，连忙从青石板上翻身下来，拿起了哨棒，闪在一旁。那老虎又饥又渴，两只前爪在地上轻轻一按，朝着武松纵身扑来。武松吃了一惊，出了一身冷汗，酒也醒了。

说时迟，那时快，武松见老虎扑过来，只一闪，就闪在老虎背后。老虎往背后看人是很困难的，于是便把前爪搭在地上，腰身一掀，掀了起来。武松又一闪，闪在一边。老虎没有掀着武松，大吼一声，就像半空里打了个霹雳，震得地动山摇。接着，老虎倒竖起铁棒似的尾巴一扫，武松急忙又闪在另一旁。原来老虎伤人，就是凭借这一扑、一掀、一扫；这三下子不成，气焰也就减了大半。

那老虎没扫着武松，又大吼一声，一兜扑了过来。武松见那老虎转回身扑来，于是双手挥起哨棒，用尽全身力气，从半空中劈下来。只听见“啪”的一声响，竟把一根手臂般粗大的树枝劈了下来。这样一来原来武松打得慌了，没打着老虎，却打在枯树上，那条哨棒折成了两截，只剩半截拿在手里。老虎更急了，咆哮着，张开大口又扑过来。武松一跳，退了十几步远。那老虎两只前爪正好落在武松跟前。武松索性把手里的半截哨棒丢在一边，两手就势抓住老虎的头皮使劲往地上按。老虎拼命挣扎，武松用脚朝老虎脸上、眼睛乱踢。老虎疼得吼叫着，身子底下扒起两堆黄土，扒成了一个坑。武松把老虎的嘴按到黄土坑里，又乱踢了一阵子。那老虎已没多大气力了。这时，武松左手紧紧地按住老虎，右手举起铁锤般的拳头，用尽平生之力只顾打。打了六七十拳，老虎眼里、嘴里、鼻子里、耳朵里都喷出鲜血，只剩下了一口气，再也动弹不得了。这就是“明知山有虎偏向虎山行”的由来。

若要人不知，除非己莫为

释义

“若要人不知，除非己莫为”出自汉朝枚乘的《上书谏吴王》，意思是要想人家不知道，除非自己不去做。

故事

在东晋时期，苻坚杀死了自己的堂兄，自立为皇帝。在苻坚当上皇帝的第五年，有凤凰聚集在宫殿的东门，在那个时候，大家都认为是祥瑞的表现，所以苻坚决定大赦天下，按照惯例，百官也会晋位一级。

当时，关于大赦天下之类的事情，是非常机密的。因此，在商量这个事情的时候，苻坚和他的亲信——弟弟苻融、大臣王猛都会让周围的人退下去，然后秘密商量。苻坚亲自撰写文章，苻融和王猛提供纸笔。就在这个时候，有一只大苍蝇飞来飞去，声音十分大，还绕着苻坚的笔端乱飞，驱之不去。

没过多久，长安街上的人们就开始四处传说，说要大赦天下了，百官都会晋位一级。地方官不敢隐瞒，赶紧将谣言上奏。苻坚听了，吓了一跳，同苻融、王猛说：“宫中没有一个偷听的人，怎么会泄露大赦之事呢？赶紧彻查！”

消息传回来，各地的谣言都差不多，都说是一个穿黑衣服的小孩子，在市集上大声叫唤，说要大赦天下了，百官晋位一级。说完，人就不见了。

苻坚叹了口气说：“应该就是之前的那只苍蝇了。俗话说，‘欲人勿知，莫若勿为’，说的就是这个道理啊！”“若要人不知，除非己莫为”就是从这个故事中概括出来的。

知人知面不知心

释义

“知人知面不知心”出自元朝尚仲贤的《单鞭夺槊》，意思是认识一个人很容易，但要了解一个人的内心却很困难。

故事

从前，一个名叫庄周的贤达之士，周游天下。有一天，他来到一座山下，看见一妇人在新坟前啼哭，边哭边用扇子扇坟。庄子非常奇怪，就问她说：“娘子如此啼哭，坟内所葬的是你什么人啊？你为什么还举扇扇坟？”

那妇人回答说：“坟中所埋之人是我的前夫，他在世的时候与我十分恩爱，只可惜死得太早。他死时对我说：‘待坟干了，你就可以改嫁了。’如今，新坟难干，所以我举扇扇之，加速坟干。”

庄子听了，叹道：“是这样啊！”心里想：这妇人好心急，亏她还说生前相爱。既然她这样着急，我就帮她一下吧！于是，庄子便叫妇人将扇给他。那妇人便双手将扇子递给庄子，只见庄子轻轻扇了几下，坟果然干了。

那妇人见了，欣喜万分，深深道个万福："多谢官人！"然后将扇子送与庄子，作为感谢，扬长而去。庄子回到家，坐于草堂，看看扇子叹出四句："生前个个说恩深，死后人人欲扇魂。画虎画皮难画骨，知人知面不知心。"这就是"知人知面不知心"的由来。

树欲静而风不止，子欲养而亲不待

释义

"树欲静而风不止，子欲养而亲不待"出自《孔子家语》，比喻事物的客观存在及发展，是不以人的意志为转移的。

故事

孔子带着弟子出行，听到有人哭得十分悲伤。孔子说："快快赶车，快快赶车，前面有贤人。"走近一看是皋鱼。皋鱼身披粗布，抱着镰刀，在道旁哭泣。孔子下车对皋鱼说："你家里难道有丧事？为什么哭得如此悲伤？"

皋鱼回答说："我有三个过失：年少时为了求

学，周游诸侯国，没有把照顾亲人放在首位，这是过失之一；为了我的理想，再加上为君主效力，不能很好地孝敬父母，这是过失之二；和朋友交情深厚，却疏远了亲人，这是过失之三。树欲静而风不止，子欲养而亲不待！过去就不能追回的是岁月，逝去就再也见不到的是亲人。请允许我从此离别人世，去陪伴逝去的亲人吧。”说完就辞世了。

孔子对弟子们说：“你们要引以为戒，这件事足以使你们明白其中的道理！”于是，辞行回家赡养双亲的门徒有十三人。这就是“树欲静而风不止，子欲养而亲不待”的由来。

项庄舞剑，意在沛公

释义

“项庄舞剑，意在沛公”出自西汉司马迁的《史记·项羽本纪》，意思是说话和行动虽然表面上简单，其真实意图却在于对某人某事进行威胁或攻击。

故事

秦朝末年，刘邦曾与项羽约定，谁先攻下秦朝首都咸阳，谁就在关中一带为王。结果，刘邦先攻破了咸阳。项羽见了，非常生气，一直想找借口除掉刘邦。

于是，项羽打算宴请刘邦，想在宴会上除掉他。

宴会上埋伏了一批武士，约定项羽一举杯，就立即动手。刘邦明知危险，却不得不去参加。宴会上，刘邦非常低调，对项羽态度谦卑，处处小心。项羽见了，觉得刘邦也是一个英雄，便不想杀他了。所以，项羽对范增的几次示意，都没有反应。

范增见不能按照计划进行，便对项羽的堂兄弟项庄说："项王仁慈，不忍心杀刘邦。你快进去，以舞剑为名，趁机杀了刘邦。"于是，项庄便在宴会上敬酒，请求他舞剑助兴。项庄越舞越靠近刘邦，一直在寻找机会杀害刘邦。项伯看见了，对项羽说："一人独舞，兴致不高，让我和他一起吧！"说完，也拔剑起舞，暗暗地用自己的身体挡着刘邦，使项庄找不到下手的机会。

张良看到这种情况，赶忙出去对刘邦的武将樊哙说："现在项庄舞剑，他的用意就是要杀沛公啊！"樊哙一听，立即拿起武器，闯到宴会上。在张良、樊哙的保护下，刘邦终于离开宴会，安全地回去了。这就是"项庄舞剑，意在沛公"的由来。

莫看这歹马也有一步踢

释义

"莫看这歹马也有一步踢"并无出处，是民间流传下来的。意思是说，就算是一匹不好的马，也是有长处的。比喻人虽不是个个精明能干，但总有其长处，可以互补不足，同样有所作为。

故事

有一天，一位城郊的农夫到圩市卖菜，听说伤马很便宜，就买了一匹，打算拉回家去杀掉。由于回家时已经天黑了，他就把马绑在猪圈里，准备明天一早再杀掉。这天半夜，有一个毛贼到村里偷东西，听见农夫家里有大猪嚎叫的声音，走近猪圈一看，果然是一只大肥猪。他高兴地把猪圈门撬开，准备偷猪。当他刚钻进猪圈时，摸到那只伤马的尾巴。伤马一觉得自己的尾巴被抓住了，急得伸腿一踢，正好踢中毛贼的下身。毛贼痛得哇哇直叫，农夫一家人听到了，赶紧冲到猪圈，抓住了毛贼。第二天，这事传开了，村里的人说："莫看这歹马也有一步踢。"这就是"莫看这歹马也有一步踢"的由来。

乘兴而来，败兴而归

释义

"乘兴而来，败兴而归"出自《晋书·王徽之传》，意思是趁着兴致来到，结果很扫兴地回去。

故事

有一年冬天，接连下了几天鹅毛大雪，终于在一天夜晚，雪停了。天空中明月皎洁，地上白雪晶莹，此情此景，让王徽之兴致大增。他兴致勃勃地叫家人搬出桌椅，取来酒菜，独自一人坐在庭院里慢斟细酌起来。

喝着酒，赏着景，吟着诗，王徽之高兴得手舞足蹈。忽然，他觉得如此良辰美景，怎么能少了悠悠的琴声呢？于是，他想起了那个会弹琴作画的朋友戴逵。

“我为什么不马上去见他呢？”想到这里，王徽之马上叫仆人准备船桨，连夜前往。那一夜，大雪虽已停了，但天寒地冻，再加上王徽之在山阴，戴逵在剡溪，两地有相当的距离。不过，兴致高涨的王徽之并不太在意这些。月光照泻在河面上，水波粼粼。船儿轻快地向前行，沿途的景色都披上了银装。观赏着如此秀丽的夜色，王徽之觉得如同进入了仙境一般。

“快！快！把船儿再划得快点！”王徽之恨不能早点见到戴逵，他催促着仆人，让仆人快点。整整行驶了一夜，拂晓时，终于到了剡溪。可是，王徽之突然要仆人划船回去。

仆人莫名其妙，诧异地问他为什么不上岸去见戴逵。王徽之不以为然地说：“我本来是一时兴起才来的。如今兴致没有了，当然要回去，为什么一定要见着戴逵呢？”“乘兴而来，败兴而归”就是从这个故事中概括而来的。

乘长风破万里浪

释义

“乘长风破万里浪”出自《南史·宗悫传》，意思是一个人要有远大的理想，勇往直前。也比喻事情进展顺利，发展很迅速。

故事

南朝时，宋国有个名将叫宗悫，南阳涅阳人，从小就非常有胆量，练了一身武艺，可谓智勇双全。

据说，他的哥哥宗泌结婚那天晚上，宾客们都走了，家人正在忙碌收拾。这时，来了十几个强盗，想趁火打劫。当时，大家都还沉浸在喜悦当中，面对这种情况，都慌了。只有宗悫毫不畏惧，挺身而出，自己一个人勇斗十几个强盗。最后，武艺高超的宗悫将强盗们都赶走了。

宗悫的叔父是宗炳，学问很好但不肯做官。一次，宗炳问宗悫长大后志向是什么？宗悫回答说：“希望驾着大风破万里巨浪。”宗炳听了，非常赞赏，说：“就算你不能大富大贵，也必然会光宗耀祖。”

宗悫长大后，担任过振武将军、豫州刺史、雍州刺史等官职，还曾率军远征南方的林邑国，大获全胜。这就是“乘长风破万里浪”的由来。

恭敬不如从命

释义

“恭敬不如从命”出自宋朝赞宁《笋谱·杂说》，意思是恭敬谦逊不如服从命令。

故事

很久以前，在一个小镇上，有一个刚过门的新媳妇。虽然她贤惠勤劳，知书达礼，但公婆总是看她不顺眼，不满意她的所作所为。不过，新媳妇却毫无怨言，仍然恭敬伺候，渐渐地，公婆对她的态度温和起来。

有一年的冬天，婆婆突然想吃笋汤，就随口对这个儿媳妇说：“我真想喝笋汤啊！”儿媳妇听了非常意外，却也爽快地答应了。

一会儿工夫，新媳妇做好了笋汤，并送到了饭桌上。另一个儿媳对此感到十分奇怪，问她说：“现在是寒冬腊月，哪来的嫩笋啊？”新媳妇说：“我先答应着，以恭敬顺从来避免婆婆的责骂罢了。现在确实不能找到嫩笋啊，这是我很早以前就储藏好的笋。”

新媳妇的话很快传到婆婆的耳朵里，婆婆听后觉得自己以前对这个新儿媳确实太不公平了，想到新儿媳如此用心良苦，于是改变态度，开始对她怜爱有加。从此婆媳关系越来越好，一家人过上了幸福的生活。

这个故事很快就传开了，当地的人编了个顺口溜：“腊月煮笋羹，大人道便是；恭敬不如从命，受训莫如从顺。”这就是“恭敬不如从命”的由来。

家有一老，犹如一宝

释义

“家有一老，犹如一宝”，并无出处，是民间流传下来的。意思是老人有多年的实践经验，好像宝贝一样，这是对老人的赞扬。

故事

很久以前，相传某个朝代有“六十花甲子”的习俗：就是当人活到六十岁时，如果还没有去世的话，就要被自己的子女送到野外“活坟”里去住。“活坟”就是用砖砌的一个地窨子，只留一个送饭的小口。比较孝顺的儿女送送饭，老人还能多活一些日子；遇到不孝的儿女，就只能等死。

有个大臣是一个出了名的孝子。他的父亲到了六十岁，照例也进了“活坟”。为了让父亲不那么寂寞，他给父亲送去一只花猫和几本书。每天办公完成后，他都会去陪父亲。他不能陪的时候，父亲就看书、养猫，倒也安然。

一天，这个大臣给他父亲送饭。临走时，他对父亲说："这是我最后一次给您老人家送饭了，回去后就不知死活了！"他父亲听了非常诧异，忙问为什么，大臣就把朝廷发生的一件奇事告诉他：原来朝堂上不知从哪里来了五个怪物，灰色的皮毛，小小的眼睛，尖尖的嘴巴，长长的尾巴，每天乱咬乱闹，闹得无法上朝。皇帝叫大臣想办法解决这个问题，想不出办法就要杀头。

父亲听了想了想说："孩子，你不必烦恼，我估计这就是五只大老鼠，你把这只小猫带去，就可把它们除掉。"儿子听了他的话，顿时释然了。第二天，他果然带着小猫上了朝。很快，五只大老鼠被消灭了。

皇帝一见非常高兴，就问他从哪里得来的办法？大臣就把他父亲的话说了一遍。皇帝听了恍然大悟，道："老人经历多，见识广，有丰富的经验，还是有用的，不应虐待他们。"于是，下令取消"六十花甲子"的习俗，命令把老人一律接回好好赡养，还留下了"家有一老，犹如一宝；有了疑难，问问便晓"的谚语。

浪子回头金不换

释义

"浪子回头金不换"出自吴歌《金不换》，用来比拟社会上一些失足青年洗心革面、幡然悔悟。

故事

在锡东羊尖乡靠近鹅湖边上，有个金员外，五十多岁才有了儿子，于是取名字叫“不换”，并把他视为掌上明珠，对其百依百顺。

在金不换小的时候，喜欢听碗碎声，一听见这个声音就哈哈大笑。金员外便命家人用碗摔地让儿取乐，结果碎片堆积如山。由于老年得子，金员外对这个宝贝儿子可以说是有求必应，就算他犯错了也不忍心斥责，非常溺爱和纵容他。

金不换长大后十分浪荡，为了寻欢取乐，花万金在宛（碗）山上造了个“石幢”。金不换不但浪荡，还不学无术，什么字都不认识。他的父亲看在眼里，急在心里，觉得无颜去见九泉之下的列祖列宗，不久就病倒去世了。

后来，金不换几乎败光所有的家业，沦为乞丐。在妻子的帮助教育感动下，他终于醒悟，决定痛改前非，用实际行动来弥补自己的过失，做一个有用的人。从此，他发愤图强，白天耕地，晚上读书，终于成为一个学问渊博的人。从此，“浪子回头金不换”这句话便传遍各地。

得饶人处且饶人

释义

“得饶人处且饶人”出自《唾玉集·常谈出处》，

指要宽容、体谅别人，尽量宽恕别人，还指做事不要做绝，须留有余地。

故事

根据宋朝姚宽《西溪丛语》记载，曾经有一个道士非常擅长下棋，不过他有一个习惯，就是凡是与别人下棋，总是让人家先走一步。后来这个道士死在褒信县，死的时候他对一个村里的老头托付死后的事情。几年后，这个老头遵照他的嘱托为他改葬，结果打开坟墓见到的只是空空的棺材和衣服。当年道士曾经有诗说“烂柯真诀妙通神，一局曾经几度春。自出洞来无敌手，得饶人处且饶人。”这就是“得饶人处且饶人”的由来。

惊弓之鸟

释义

“惊弓之鸟”出自《晋书·王鉴传》，指被弓箭吓怕了的鸟，比喻受过惊吓的人，遇到一点情况就惶恐不安。

故事

更羸陪同魏王散步，看见远处有一只大雁飞来。他对魏王说：“我不用箭，只要虚拉弓弦，就可以让那只飞鸟跌落下来。”

魏王听了，耸肩一笑：“你的射箭技术竟能高超到这等地步？”

更羸自信地说：“能。”

不一会儿，那只大雁飞到了头顶上空。只见更羸拉弓扣弦，随着“嘣”的一声弦响，只见大雁先是向高处猛地一窜，随后在空中无力地扑打几下，便一头栽落下来。魏王惊奇得半天合不拢嘴，拍掌大叫道：“啊呀，箭术竟能高超到这等地步，真是意想不到！”

更羸说：“不是我的箭术高超，而是因为这只大雁身有隐伤。”

魏王更奇怪了：“大雁远在天边，你怎么会知道它有隐伤呢？”

更羸说：“这只大雁飞得很慢，鸣声悲凉。根据我的经验，飞得慢，是因为它体内有伤；鸣声悲，是因为它长久失群。这只孤雁疮伤未愈，惊魂不定，所以一听见尖利的弓弦响声便惊逃高飞。由于急拍双翅，用力过猛，引起旧伤迸裂，才跌落下来的。”“惊弓之鸟”就是从这个故事中概括而来的。

捧不起的刘阿斗

释义

“捧不起的刘阿斗”出自《三国演义》，比喻那些懦弱无能、没法使他振作的人。

故事

邓艾灭了蜀汉以后，后主刘禅还留在成都。到了钟会、姜维发动兵变，司马昭觉得让后主留在成都不大合适，就把刘禅接到洛阳。

刘禅本来就是一个昏庸无能的人。诸葛亮没有去世的时候，全靠诸葛亮掌管军政大事。诸葛亮死后，虽然还有蒋琬、费袆、姜维一些文武大臣辅佐他，可是他变得不那么谨慎了。到蒋琬、费袆死去后，蜀汉的政治就变得越来越糟糕了。

后来，姜维被杀，同他一起到洛阳去的只有地位比较低的官员郤正和刘通两个人。刘禅根本就不知道如何跟人打交道，全靠郤正指点。以前，刘禅根本没把郤正放在眼里，到这时，他才觉得郤正是一个忠心耿耿的人。

刘禅到了洛阳，司马昭为了笼络人心，稳住对蜀汉地区的统治，以魏元帝的名义，封刘禅为安乐公。

有一次，司马昭大摆宴席，请刘禅和原来蜀汉的大臣参加。宴会中，还特地叫了一班歌女演出蜀地的歌舞。一些蜀汉的大臣看了这些歌舞，想起了亡国的痛苦，伤心得差点儿掉下眼泪。只有刘禅咧开嘴看得挺有劲，就像在他自己的宫里一样。

司马昭观察了他的神情，宴会后，对贾充说："刘禅这个人没有心肝到了这步田地，即使诸葛亮活到现在，恐怕也没法使蜀汉维持下去，何况是姜维呢！"

过了几天，司马昭在接见刘禅的时候，问刘禅说：“您还怀念蜀地吗？”刘禅乐呵呵地回答说：“这儿挺快活，我并不怀念蜀地。”

郤正在旁边听了，觉得太不像话。回到刘禅的府里，郤正说：“您不应该这样回答晋王。”刘禅说：“那你说该怎么说呢？”郤正说：“以后如果晋王再问您，您应该流着眼泪说：我祖上的坟墓都在蜀地，我心里很难过，没有一天不想那边。这样说，晋王可能会放我们回去。”刘禅点点头说：“你说得很对，我记住就是了。”

后来，司马昭果然又问起刘禅，说：“我们这儿待您不错，您还怀念蜀地吗？”刘禅想起郤正的话，就把郤正教他的话背了一遍。他竭力装出悲伤的样子，但是挤不出眼泪，只好闭上了眼睛。

司马昭看了他这个模样，笑着说：“这话好像是郤正说的啊！”刘禅吃惊地睁开眼睛，说：“对，对，正是郤正教我的。”

司马昭不由得笑了，左右侍从也忍不住笑出声来。司马昭这才看清楚刘禅的确是一个糊涂人，不会对自己造成威胁，就没想杀害他。“捧不起的刘阿斗”就是从这个故事中概括而来的。

清官难断家务事

释义

“清官难断家务事”出自明朝冯梦龙的《喻世明言》，意思是就算公正清廉的官吏，也没有办法判明家庭中的烦琐事情。

故事

宋朝有一位县令叫赵秉公，非常勤政廉洁，断案也很公平，老百姓都赞颂他是一位“清官”。

一天，赵秉公的一位好友来拜访他，问他说：“你断案很有方法，不知道民事家务是否能断？”赵秉公说：“这有什么难的，我可以试一试。”

于是，好友对他说：“我的邻居是一家姓张的老汉，家里有两个儿子，生活比较富裕。后来，两个儿子娶妻生子，成为多口之家。时间一长，麻烦事就出来了，两个儿子都想分家另过。张老汉自然不同意，但总闹别扭，也不是办法。老汉也想通了，分就分吧。张家有宅院两处，二十亩田地，你来说说这家怎么分？”

赵秉公听了，毫不犹豫地说：“这还不好分吗？二一添作五。两个儿子平均分配，一人一处宅院，一人十亩田地。”

可是好友却说：“这样分也不怎么合理。因为大儿子下有三子，已经成人，二儿子下有一子，尚未成人。大儿子人多，二儿子人少，这样分岂不偏向二儿子？”

赵秉公听了后说：“说的也是。都是老汉的孙子，那就按儿子分宅院，按孙子人数分地，一人五亩，老大得十五亩，老二得五亩。”

好友又说道：“这样还是不尽合理。地都分了，宅院也分了，老汉却没地方住了。要知道百善孝为先啊！老汉什么都没有，这不是不孝吗？”

“照此说来，国人一向讲究四世同堂，五世其昌，团团圆圆，干脆还是不分为好啊！”赵秉公只得答道。

好友一听，笑着说：“刚才我问了一个问题，你断了三个结果，哪个才是真的公正呢？这还没完呢。一年后，二儿子得病死了，二儿媳守着一个十几岁的孩子过活十分艰难，有了再嫁之意。可张老汉不同意，你说该不该再嫁？”

“女子在家从父，出嫁从夫，夫亡从子。按‘三从’来说，不应改嫁。”赵秉公又答道。可是，前朝和当朝的公主，寡后都可以改嫁，为什么农妇不能呢？这样断定公正吗？

赵秉公一时回答不上来了，这位同窗说：“都说你是个清官，可见清官也难断家务事啊！”这就是“清官难断家务事”的由来。

欲加之罪，何患无辞

释义

“欲加之罪，何患无辞”出自先秦左丘明的《左传·僖公十年》，意思是要想加罪于人，不愁找不到罪名。

故事

春秋时期，晋献公在位时，非常宠信一个叫骊姬的妃子。当时，晋献公已经立了申生为太子，准备让他继承王位。可是，骊姬想让自己的儿子奚齐当国君，于是她千方百计地陷害申生，逼迫得申生自杀身亡。然后又设计让他的两个哥哥重耳和夷吾逃亡国外。

后来，晋献公病重，他把最信任的大夫荀息叫到床前，嘱咐他一定好好辅佐奚齐当国君。荀息答应了。可是这个使命实在太艰难了，晋献公一死，晋国就陷入一片混乱之中。

有一个名叫里克的大夫，原来是太子申生的副将。他是一个非常有正义感的人，他觉得申生死得太冤枉，一心想为申生报仇。奚齐登上君位不久，他就找到机会把奚齐给暗杀了。荀息只好立奚齐的弟弟卓子当国君，可是里克很快又暗杀了卓子。

这时候，流亡秦国的夷吾，被接回来当上了国君，就是晋惠公。晋惠公刚当上国君，就想杀掉里克。他对里克说："你杀掉了两个国君和一个大夫，我如果不杀你，别人就不会服我。你接受这个命运吧！"

没想到里克毫不畏惧，冷笑着说："如果我不杀他们，怎么还轮到你来当这个国君？你既然已经打定主意把罪名加到我头上，还怕找不到理由吗？"于是他自己扑到剑上，结束了生命。这就是"欲加之罪，何患无辞"的由来。

赔了夫人又折兵

释义

"赔了夫人又折兵"出自《三国演义》，比喻想占便宜，算计别人，反而自己受到双重的损失。

故事

火烧赤壁之后，刘备占领了荆州，但孙权想从刘备手中讨还荆州。于是，孙权就让鲁肃前去讨要，结果被诸葛亮据理力争，空手回到东吴。孙权听后，非常生气，就和都督周瑜定计，以将孙权的妹妹许配与刘备的名义，想把刘备骗到东吴，然后扣留作人质进行威胁。

刘备识破了孙权的计谋，不过却在诸葛亮的授意下，决定将计就计。他不但答应了这门亲事，还派赵云陪同他一起前往东吴招亲。

刘备一行达到东吴时，按照诸葛亮的意见，派出五百名士兵到东吴都城购买喜庆礼品和物件，弄得城中人人皆知。随后刘备拜访了孙策、周瑜之妻“二乔”的父亲乔国老，叙述特来成亲之事。乔国老又向孙权的母亲吴国太叙说了此事。吴国太还蒙在鼓里呢，便叫来孙权问话。

孙权得知露了馅，只得如实道来。他说：“许婚是周瑜的计谋。我们只是以招亲为名，骗刘备前来，讨还荆州。若刘备不还荆州，就先除掉他。”国太一听，大发雷霆，她痛骂周瑜：“周瑜自己没本事去取荆州，倒打起我女儿的主张。如果真的杀了刘备，我女儿岂不成了望门寡，让她以后如何做人？”

最后，国太又说：“我明天要在甘露寺与刘备见面，亲自相亲。如果我不中意，任你们发落；假如中了我的意，我就做主将女儿嫁他。”

孙权非常孝敬国太，心里虽然百般不甘心，也无可奈何。

乔国老于是将吴国太要见他的事件告诉了刘备，让他留心。第二天，吴国太、孙权、乔国老等在甘露寺会面刘备。吴国太一见刘备就非常喜欢，乔国老说：“真吾婿也！”乔国老也说刘备存在“龙凤之姿”“天日之表”，把刘备大大地褒奖了一番。这样，刘备与孙权之妹的婚事，就由国太做主当场敲定。

娶了孙权之妹后，刘备悄悄带着新夫人逃离了东吴。周瑜带兵追赶，又被诸葛亮在半道上伏兵，只听见蜀军士兵齐声大叫：“周郎妙计安天下，赔了夫人又折兵。”这就是“赔了夫人又折兵”的由来。

矮子观场，随人听好

释义

“矮子观场，随人听好”出自宋代黎靖德编辑的《朱子语类》，又作“矮子看戏，随人说妍”。这句谚语常用来形容那些不懂装懂、随声附和、没有主见的人，也就是人们常说的“应声虫”。

故事

古时候，在农村有演出“草台戏”的风俗。通常就是找一块空旷的场地，搭建台子，演员就在台子上表演。台子并不是很高，这样大家都挤在台子前站着看。有一次，一个村里有演出，邻村的一个矮子也前去看戏。因为矮子来得比较晚，前面的好位子都被占完了，他只能站在后面。但是因为他前面的人都比他高，夹在人群中间，他根本看不见台子上在演些什么。他听见周围的人不断地发出叫好声，也跟着大声叫好。别人都感到很纳闷，他怎么看见的？原来，他只是跟着大家乱叫。这就是“矮子观场，随人听好”的由来。

罩鸡不成孵

释义

“罩鸡不成孵”是一则闽南俗语，没有相关出处，说的是母鸡不在蹲窝的时候，硬把它罩起来强迫它孵蛋是不可能的，比喻凡事必须尊重客观规律，不能勉强。

故事

当母鸡产完一窝蛋以后，它就开始孵蛋。这时，即使窝里没蛋，母鸡也会蹲在窝里，这就是“蹲窝”。蹲窝的母鸡既清醒又迷糊。说它清醒，是因为它感到窝里有它的儿女们，不能离窝，否则会遭夭折。这期间，它少吃少喝，但不忘把粪便排泄在窝外，并不时翻窝，用身体最大限度地盖住所有的蛋。说它迷糊，是因为窝里有没有蛋它并不理会，即使窝里放鸭蛋鹅蛋或者其他鸟蛋甚至石头，它照样精心孵化。

遇到这种情况，有些农家，为了使蹲窝的母鸡早清醒早生蛋，往往使用各种残忍手段折磨它，或泡入水中，或缚住双翅、双脚等，但一切都无济于事，最后依然不能使它恢复常态。

福无双至，祸不单行

释义

“福无双至，祸不单行”出自汉朝刘向《说苑·权谋》，指的是幸运事不会连续到来，祸事却会接踵而至。

故事

有一年，东晋书法家王羲之举家从山东老家移居到浙江绍兴。当时，正好快要过春节了，于是王羲之写了一副春联，让家人贴在大门两侧。对联是：“春风春雨春色，新年新岁新景。”不料因为王羲之太出名了，他的书法都被大家收藏。所以，这个对联刚一贴出，晚上就被人趁夜揭走了。

家人告诉了王羲之，王羲之也不生气，又提笔写了一副，让家人再贴出去。这次写的是：“莺啼北里，燕语南郊。”谁知第二天一看，又被人揭走了。这天已经是除夕，明天就是大年初一，眼看着左邻右舍门前都贴上了春联，只有自己家门前空空落落，急得王夫人直催丈夫想个办法。

王羲之想了想，微微一笑，又提笔写了一副，写完后，让家人先将对联剪去一截，把上半截先贴在门上，上面写着：“福无双至，祸不单行”。晚上果然又有人来偷。可是，在月色下一看，见这副对联写得非常不吉利。就算王羲之的墨宝非常珍贵，也不能把这么不吉利的对联贴在门上啊。那人只好叹了口气，走了。

初一天刚亮，王羲之亲自出门准备将昨天剪下的下半截分别贴好，此时已有不少人围观，大家一看，对联上写着“福无双至今朝至，祸不单行昨夜行”。大家看了，都拍掌叫好。这就是“福无双至，祸不单行”的由来。

解铃还须系铃人

释义

“解铃还须系铃人”出自宋朝惠洪的《林间集》，比喻谁惹得麻烦就需要谁去解决。

故事

金陵地方有个清凉泰钦法灯禅师，他在与众人生活的日子里，性情豪放不羁，终日无所事事，众人都轻视他，只有法眼一个人看重他。

有一天，法眼问众人：“谁能把绑在老虎脖子上的金铃解下来？”

众人你看我，我看你，没有一个能回答得出。这时泰钦法灯禅师刚好来到，法眼就把刚才提出的问题再问泰钦法灯禅师，他回答说：“在老虎脖子绑铃的那个人能解。”

法眼听了法灯禅师的回答，直说好，便就这件事教育众人：“你们是不能小看他的。”

这件事之后，法灯禅师深得法眼禅师的赏识，后来在法眼禅师座下做维那（寺庙中统摄僧众统管禅堂的主要负责人），协助法眼开创了佛教五宗中著名的法眼宗。

塞翁失马，焉知非福

释义

“塞翁失马，焉知非福”出自《淮南子·人间训》，比喻虽然一时受到损失，反而因此而得到好处，说明任何事情都有两面性，祸福之间可能随时转换。

故事

很久以前，在靠近边塞的村子里，住着一位精通术数的人，大家都叫他“塞翁”。

有一天，他家的马自己跑到胡人那里去了，好几天都没有回来。邻居们知道了，都来安慰他。没想到老人一点不难过，还说：“这怎么就知道不是一件好事呢？”

过了几个月，他家的马回来了，还带领着胡人的一匹骏马同时回来，邻居们都很惊喜，纷纷祝贺他。老人却说：“这怎么就知道不是一个祸患呢？”

老人的担心不久就应验了，他的儿子喜欢骑马，有一次从马上摔下来折断了大腿，大家都很同情安慰他。老人又说：“这怎么就知道不是一件好事呢？”过了一年，胡人大举侵入边塞，壮年男子都拿起弓箭参战，靠近边塞的人绝大部分都因战争而死去，唯独他的儿子因为腿摔断了而免于征战，父子得以保全性命。这就是“塞翁失马，焉知非福”的由来。

照葫芦画瓢

释义

“照葫芦画瓢”出自宋朝魏泰《东轩笔录》，比喻照着样子模仿。

故事

宋朝初年，翰林学士陶谷自以为文笔高超、才能出众，想好好表现一下，于是他劝宋太祖重视文字工作。

太祖笑曰：“颇闻翰林草制，皆检前人旧本，改换词语，此乃俗所谓‘依样画葫芦’耳，何宣力之有？”

赵匡胤认为他的工作只是抄写而已，说是依样画葫芦，哪里有什么大的功劳呢？陶谷的目的没有达到，就在住处的墙上题诗：“堪笑翰林陶学士，年年依样画葫芦。”这就是“照葫芦画瓢”的由来。

嫩草怕霜霜怕日，恶人还被恶人磨

释义

“嫩草怕霜霜怕日，恶人还被恶人磨”出自吴璿《飞龙全传》，比喻你欺侮别人，还会被比你更恶的人欺侮。

故事

赵匡胤有一匹宝马，让他的义弟郑恩去放，结果被韩教头的公子抢了去。

郑恩失去了赵匡胤的赤兔胭脂马，跑回店来，诉与匡胤知道。赵匡胤细问店家，方知是韩通之子抢去。弟兄二人来到野鸡林外，找到了韩通居住的庄子。赵匡胤让郑恩前去叫骂，自己则在林中张望。

那郑恩正在叫骂，忽见大门打开，一群人成雁字分开。郑恩大喝一声道："那穿杏黄袄子的是韩通吗？"韩通大呼道："俺便是韩通。你是什么人，敢来犯俺？"

郑恩道："乐子姓郑名恩，今日到此，非为别事，只为你的娃子把咱的宝马抢了，故此特来讨取。你若晓事，送了出来，乐子便佛眼相看；若你强横不还，只怕乐子手中这酸枣棍不肯罢休。"韩通听了大怒，叫道："你怎敢出言无状？谁见你的马了？你今日无故前来，把我大门打碎，这是你自要寻死，休来怨俺！"说罢，举起哨棒，当头打来，郑恩则举棍相迎，两个斗在一处。

二人战斗多时，不知不觉斗了三十回合。郑恩本事不济，眼看要败下来了。赵匡胤在树林中看得真切，恐怕郑恩有失，于是解下腰中鸾带，顺手一捋，变成了神煞棍棒，轻轻地溜出来，大喝一声。那韩通正要把郑恩打倒，忽地见赵匡胤蹿到面前，吃了一惊，往后一退，赵匡胤趁势把韩通打倒在地，一脚踏住胸膛，左手抡拳，照着脸上就打。初时韩通尚可承受，打到后来，就只是“哎哟”连声，头脑发昏。郑恩在旁看着，心中好不欢喜。正如两句俗语说的：“嫩草怕霜霜怕日，恶人还被恶人磨。”

赵匡胤一手揪着韩通的头发，一手握拳砸在韩通脸上，喝道：“你且睁开驴眼，看我是谁？”此时韩通已是眼肿鼻歪，身体又被踏住，动弹不得。郑恩在旁说道：“快把乐子的马牵出来，待二哥骑了，好同平阳镇去。”韩通听了，哪里还敢不依，连忙叫人把马牵来，交与赵匡胤。这就是“嫩草怕霜霜怕日，恶人还被恶人磨”的由来。

聪明一世，糊涂一时

释义

“聪明一世，糊涂一时”出自明朝冯梦龙的《警世通言》卷三，意思是说一向聪明的人，偶尔在某件事上犯糊涂。

故事

冯梦龙《警世通言》卷三：“如今且说一个人，古来第一聪明的，他聪明了一世，懵懂在一时。留下花锦缎般一段话文，传与后生小子。”接着，就讲了下面的故事。

有一天，苏东坡去拜访宰相王安石，没想到王安石出去了。苏东坡在王安石的书桌上看到了一首咏菊诗的草稿，才写了开头两句，这就是上面所说的两句："西风昨夜过园林，吹落黄花满地金。"

苏东坡平日聪明无比，有点恃才傲物、目中无人，当他看到这两句诗后，不由得暗笑王安石连基本的常识都不懂。菊花最能耐寒、耐久，就算枯萎，花瓣也只干枯在枝头，怎么会被秋风吹落得满地皆是呢？于是他提起笔来，续诗两句："秋花不比春花落，说与诗人仔细吟。"

题完后，苏轼就独自走了。王安石回来以后看到了苏轼的这两句诗，心里知道这个轻狂的年轻人有点太过自负。自己观察不仔细，知识也不丰富，明明《离骚》中就有"夕餐秋菊之落英"的诗句啊。不过，王安石也不声张，只想用事实来教训他一下，于是借故把苏东坡贬为湖北黄州团练副使。

苏东坡被贬后心里自然不服，还以为是王安石因诗而报复他，但也不得不服从调遣。到黄州后住了将近一年，转眼到了九九重阳，秋风刮了多日，这天风停了，苏东坡便邀请好友陈季常到后园赏菊。到了园里一看，只见菊花纷纷落瓣，满地铺金。苏轼看到这样的情景，顿时目瞪口呆，想起给王安石续诗的往事，才醒悟只因自己的肤浅才犯下那种无知的错误。从此，苏轼就再也不敢轻易取笑于人。这就是"聪明一世，糊涂一时"的由来。

聪明反被聪明误

释义

“聪明反被聪明误”出自宋朝苏轼的《洗儿》，意思是自以为很聪明，结果反而被聪明耽误或坑害。

故事

杨修是曹操门下掌库的主簿，博学能言，智识过人。他就是一个“聪明反被聪明误”的典型例子。

一次，曹操令人建一座花园。快竣工了，监造花园的官员请曹操来验收察看。曹操参观花园之后，是好是坏是褒是贬一句话也没有说，只是拿起笔来，在花园大门上写了一个“活”字，便扬长而去。一见这情形，大家犹如丈二和尚，摸不着头脑，怎么也猜不透曹操的意思。杨修却笑着说道：“门内添‘活’字，是个‘阔’字，丞相是嫌园门太阔了。”官员见杨修说得有道理，立即返工重建园门，改造停当后，又请曹操来观看。曹操一见重建后的园门，不禁大喜，问道：“谁知道了我的意思？”左右答道：“是杨修主簿。”曹操表面上称赞杨修的聪明，其实内心已开始忌讳杨修了。

又有一回，塞北送来一盒酥孝敬曹操，曹操没有吃，只是在礼盒上亲笔写了三个字——“一合酥”，放在案头上，自己径直出去了。屋里其他人有的没有理会这件事，有的不明白曹丞相的意思，不敢妄动。

这时正好杨修进来看见了，便堂而皇之地走向案头，打开礼盒。把酥饼一人一口地分吃了。曹操进来见大家正在吃他案头的酥饼，脸色逐渐变了，问道："为何吃掉了酥饼？"杨修上前答道："我们是按丞相的吩咐吃的。""此话怎讲？"曹操反问道。杨修从容地应道："丞相在酥盒上写着'一人一口酥'，分明是赏给大家吃的，难道我们敢违背丞相的命令吗？"曹操见又是这个杨修识破了他的心意，表面上乐哈哈地说："讲得好，吃得对，吃得对！"其实内心已对杨修产生厌恶之情了。可杨修还以为曹操真的欣赏他，所以不但没有丝毫收敛，反而把心智用在捉摸曹操的言行上，并不分场合地卖弄自己的小聪明，从而也不断地给自己埋下祸根。

杨修最后一次聪明的表露是在曹操自封为魏王之后，曹操亲自引兵与蜀军作战，战事失利，进退不能。曹操数次进攻蜀军总不能奏效，长期拖下去，不仅耗费钱粮且会挫伤士气，真的撤兵无功而归，又会遭人笑话。是进是退，当时曹操心中犹豫不决。此时厨子呈进鸡汤，曹操看见碗中有鸡肋，因而有感于怀，觉得眼下的战事，有如碗中之鸡肋："食之无肉，弃之可惜。"他正沉吟间，夏侯惇入帐禀请夜间号令。曹操随口说："鸡肋！鸡肋！"夏侯惇传令众官，都称"鸡肋"。

杨修见传"鸡肋"二字便教随行军士，各自收拾行装，准备归程。有人报知夏侯惇。夏侯惇大惊失色，立即请杨修到帐中问他："为什么叫人收拾行装？"杨修说："从今夜的号令，便知道魏王很快就要退兵回去了。""你怎么知道？"夏侯惇又问。杨修笑道："鸡肋者，吃着没有肉，丢了又觉得它味道不错。魏王的意思是现在进不能胜，退又害怕人笑话，在此没有好处，不如早归，明天魏王一定会下令班师回朝的，所以先收拾行装免得临行慌乱。"夏侯惇说："您算是魏王肚里的蛔虫，知道魏王的心思啊！"他不但没有责怪杨修，反而也命令军士收拾行装。于是寨中各位将领，无不准备归计。

当夜曹操心乱，不能入睡，就手按宝剑，绕着军寨独自行走。只见夏侯惇寨内军士，各自准备行装。曹操大惊，我没有下达撤军命令，谁竟敢如此大胆，做撤军的准备？他急忙回帐召夏侯惇入帐，夏侯惇说："主簿杨修已经知道大王想归回的意思。"曹操叫来杨修问他怎么知道，杨修就以鸡肋的含意对答。曹操一听大怒，说："你怎敢造谣乱我军心！"不由分说，叫来刀斧手将杨修推出去斩了，把首级悬在辕门外。曹操终于寻得机会，除掉了杨修，杨修也从此结束了他聪明的一生。这就是"聪明反被聪明误"的由来。

箭在弦上，不得不发

释义

"箭在弦上，不得不发"出自三国陈琳的《为袁绍檄豫州》，意思是箭已搭在弦上，不得不发射，比喻事情到了不得不采取行动的时候。

故事

东汉末年，军阀混战，袁绍和曹操都想统一北方，因此两人互为心腹之患，都想除之而后快。为了师出有名，袁绍命令“建安七子”之一的陈琳作讨曹檄文。陈琳当时是袁绍手下的书记官，领命之后便一挥而就，写了《为袁绍檄豫州》的檄文。文章畅快淋漓，结构文辞气势都非常精彩，历数曹操的各种罪状，号召天下人群起而攻之。

曹操当时正在许都，头疼病犯了，看见檄文中的话毛骨悚然，一身冷汗，头疼病立刻就好了。再仔细看文章结构，不禁赞扬起写文章的人。听说是陈琳所写的文章，曹操便感慨为什么此人不能为自己所用呢？爱惜人才之心，顿现。

后来冀州城被攻破，袁绍失败，陈琳被抓。曹操见了陈琳，就问：“你以前做了一篇讨伐我的檄文，骂我就可以了，为什么还骂我的祖先呢？”

陈琳回答说：“箭在弦上，不得不发啊。”曹操的左右都劝他要杀了陈琳，但曹操爱惜他的才能，就赦免了他，还任命他为司空军谋祭酒。这就是“箭在弦上，不得不发”的由来。

磨刀不误砍柴工

释义

“磨刀不误砍柴工”是一句民间谚语，没有相关出处，意思是磨刀花费时间，但不耽误砍柴，比喻做事情要事先做好充分准备，才能使工作加快。

故事

两个樵夫阿德和阿财，是一对好朋友。有一天傍晚，他们决定明天一起上山砍柴。上山砍柴一定要早睡早起，这样才可以在天亮时抵达砍柴地点。

阿德心想：“多砍一捆就多一份收入，明天我一定要早起，在天亮之前抵达。”于是，阿德早早就睡了。阿财在回家以后，却抓紧时间磨刀，还打算第二天把磨刀石带上山。

第二天，阿德果然比阿财先到山上。他一到山上就抓紧时间工作，一刻也不敢休息。阿财虽然上山比较晚，但砍柴的速度很快，不一会儿，就砍得比阿德还多了。

到了中午，阿财停了下来磨刀。他对阿德说：“不如你也休息一会儿吧。把斧头磨一磨，再砍也来得及。孩子们想吃野山楂，我们也可顺便采些回去。”阿德想也不想就拒绝了阿财，说：“我不想浪费时间。你休息吧，我抓紧时间多砍几捆。”

很快一天结束了。阿德只砍了六捆柴，而阿财砍了九捆柴，还采了一些哄孩子开心的野山楂。阿德想不通为什么自己那么努力，却没有阿财砍得多。

第三天，阿德一边努力砍树，一边观察阿财工作的情况，他看不出阿财有什么秘诀，但他砍得就是快。终于，阿德再也忍不住问道："我一直很努力砍柴，都不敢休息，为什么还是没有你砍得多呢？"

阿财笑道："砍柴除了技术和力气，更重要的是我们手里的斧头。我经常磨刀，刀锋锋利，当然砍柴比较多。你从来都不磨刀，虽然费了很多力气，斧头却越来越钝，砍的柴当然就少啊。"这就是"磨刀不误砍柴工"的由来。

糟糠之妻不下堂

释义

"糟糠之妻不下堂"出自《后汉书·宋弘传》，意思是不要抛弃共同患难过的妻子。

故事

东汉初年，刘秀力量薄弱，被王郎一路追杀，由北向南日夜奔逃。在战斗中，有个叫宋弘的大将不幸受伤。当他们逃到饶阳境内时，宋弘实在走不动了，而后面追兵又紧，怎么办呢？刘秀没办法，只好让宋弘在郑庄一户姓郑的人家中养伤。

这户姓郑的人家很同情宋弘，而且非常善良，所以对待宋弘亲如家人，端茶送水，很是周到。特别是郑家女儿，长得虽比较一般，但为人正派，聪明大方，待宋弘就像亲兄弟，煎汤熬药，问寒问暖。在她的照顾下，宋弘很快就康复了，因此宋弘非常感动。日子一长，两人建立了深厚的感情。等宋弘伤好后，他们便结为夫妻。

后来，宋弘跟随刘秀南征北战，屡立战功，刘秀便封他为“太中大夫”。

当时，汉光武帝的姐姐湖阳公主刚刚守寡，光武帝和她一起评论朝臣，悄悄地观察她的心意。公主说：“宋弘的威仪、容貌、品德、器宇，众臣子没有谁比得上。”光武帝说：“我将谋划这事。”

后来宋弘被引见，光武帝让公主坐在屏风后面，对宋弘说：“俗话说，尊贵了便改变朋友，有钱了便更换妻子，这是人之常情吗？”

宋弘说：“臣听说的是贫贱时的朋友不可忘记，与自己共患难的妻子不能把她从家中撵走。”光武帝回头对公主说：“这事情办不成了。”这就是“糟糠之妻不下堂”的由来。

覆巢之下，安有完卵

释义

“覆巢之下，安有完卵”出自《世说新语·言语》，意思是一个打翻了的鸟巢怎么会有完好无损的鸟蛋？比喻整体遭殃，个体（或部分）也不能保全。

故事

东汉末年，孔子的后世子孙孔融在北海担任太守一职。当时，曹操逐渐统一中原，对各地的大家族采取的是高压政策，引发了各地望族的反抗。孔家作为当地最大的家族之一，自然也受到了打压，并进行了一系列的反抗。

正是在这样的背景下，孔融和曹操发生了矛盾，很快，曹操就派人将孔融抓捕入狱。孔融被逮捕，在朝廷内外引起了相当大的恐慌。当时孔融的儿子大的九岁，小的八岁。两个儿子仍然在玩琢钉戏，没有一点害怕的样子。

孔融看着什么都不懂的孩子，对来抓他的人说："希望罪责仅限于自己一身，两个儿子可以保全性命吗？"孩子们听了父亲的话，从容地走过来说："父亲，难道您看见过倾覆的鸟巢下面还有完整不碎的鸟蛋吗？"

不久，逮捕兄弟俩的人也到来了。这就是"覆巢之下，安有完卵"的由来。